陆忠发 李艳 著

敦煌写本汉字形体变化研究

上海教育出版社

本书是浙江省社科规划课题
“敦煌俗字形体研究”的研究成果

目　录

上编　总　论

下编　敦煌写本汉字形体变化研究

上编　总　论

晚唐以前，古籍中的汉字皆出于手书。汉字书写对汉字结构变化、汉字字体发展和汉字体系变化都有非常关键的影响。

第一章　汉字书写对汉字结构的影响

我们在研究汉字历史形体的时候，会发现汉字书写对汉字结构产生影响，这种影响需要探索研究。

汉字书写是个人行为，同时又是社会活动，因为书写文字总是为了交流思想。人们书写汉字时对汉字形体或大或小的改变，有一些得到了社会的认可，往往就会成为人们习惯的写法。所以，汉字书写会对汉字结构产生影响。这种影响难以一一详述。从汉字形体变化为现在的规范字体的过程看，汉字书写对汉字结构的影响，举其要者，有如下方面。

第一节　汉字书写把古文字的图形结构变化为方块字结构

古文字用线条描摹事物的轮廓，具有图形意味。因为书写汉字对汉字的不断改变，汉字的字体发生了变化。同时，古文字的线条逐渐变化为隶书、楷书的笔画，汉字用一个个笔画拼合成为一个方块字形体，汉字的结构逐步由古文字的图形结构变化为方块字结构。如：

弟，《说文》："弟，韦束之次弟也。"段玉裁注："以韦束二物，如辀五束、衡三束之类。束之不一，则有次弟也；引申之为凡次弟之弟，为兄弟之弟，为岂弟之弟。""弟"，甲骨文作，沈子簋作，谏簋作，小篆作，居延汉简作，张迁碑作。[①] 甲骨文和沈子簋"弟"的

① 本章所引古文字形体，来源于《甲金篆隶大字典》编写组《甲金篆隶大字典》（四川出版集团四川辞书出版社 2010 年）和徐无闻先生主编《甲金篆隶大字典》（四川辞书出版社 1991 年），谨向这些著作的编者致谢。

形体，象一根长长的东西缠绕另一个东西的样子，造字可能取象于爬藤植物缠绕树干。谏簋把缠绕之物的尾部断裂开来，小篆又把缠绕之物的头断裂开来。虽然如此，由于其造字的主体仍然是线条，其缠绕之形仍然很明显。居延汉简在缠绕的线条的中间产生了曲折变化，张迁碑进一步把线条变化为三个笔画，被缠绕之物的头部被移位并且与缠绕之物的头部形成对称的两点，这些笔画紧凑地拼合在一起就形成了一个方块字的形体。

，甲骨文监，亦作，应监甗作，战国纵横家书二〇二作，从、（皿），从人从目，目是提示符号，提示人使用眼睛在看，中的一点，也是提示符号，提示皿中有自己的影像，合起来用“人睁大眼睛对着器皿看”表示“照自己”的概念。《尚书·酒诰》：“古人有言曰：‘人无于水监，当于民监。’”“于水监”就是在水里照自己。甲骨文的“监”，按照人在水里照自己的实际情况描摹人和器皿的轮廓，只是突出了人的眼睛，表示人用眼睛在盛有水的器皿里看。马王堆出土的《战国纵横家书》把古文字眼睛的轮廓变化为若干个笔画，人的躯体被勾画为一撇和一横，圆形的带有圈足的器皿被变化为五个笔画拼合的“皿”，器皿中的一点被提高到器皿的上面；然后，所有的笔画按照方块字结构的需要，把人的躯干缩小，把器皿中的一点拉长成为一横。最终把左右结构的古文字图形变化成为上下结构的方块字形体。

在绝大多数汉字形体都变化为方块字结构的情况下，一些不方便变化为方块字的古文字形体，就与绝大多数汉字形体极不协调。于是这些古文字形体往往就被直接废弃，人们重新造新的方块字形体替换这个古文字形体。如：

甲骨文，裘锡圭先生考为“發”的初文，谓字象弓弦被拨后不断颤动之形。[①] 汉字表达概念，其方法之一就是用结果表示导致这种结果出现的原因。弓弦不断颤动是“发射”的结果。所以裘先生的

① 裘锡圭《释“勿”、“發”》，《中国文字研究》第二期 38—45 页。本章引裘先生说均出此文。转引自于省吾《甲骨文字诂林》2618 页，中华书局 1996 年版。

结论是对的。但是，这个形体很难隶定为方块字，所以，后来又重新造“發”字替换了。

甲骨文中有、、诸形，旧释为“益”，此字用把一个壶中的液体倒入另一个壶中表达“改易”的概念，郭沫若先生认为、、是“易”的初文，“字在金文或作，可以看出‘易’字是‘益’字（引者按：指字）的简化。”[①]这个字的画意非常明显，但是，因为不方便写成方块字形体，人们最终把简化为（德鼎、德簋作，吊德簋作），又进一步简化作。又一步步演变成“易”（甲骨文省作，金文多作，矢簋作，毛公鼎作，陶文作）。

“璞”之甲骨文形体作、，表示山洞，表示茂密的植物，在这里是提示符号，提示是在山体上开挖的洞穴。（辛）是小的刀具，与组合在一起表示手拿着刀具。是玉，[②]是箩筐。、用“拿着刀具在山洞里挖下来盛在筐里的玉”表达“璞（没有加工过的玉）”的概念。但是，、这个字的形体不方便写成方块字形体，人们就造形声字“璞”替换古文字形体。

可见，由于汉字书写的缘故，汉字最终变化成为方块字。

第二节　汉字中出现大量简化结构

本书第三章提到汉字书写往往只求形似，并不斤斤计较于细节。因此，书写汉字者常常会省去一些笔画，这样，就书写出了许多简体字。这些汉字形体在历史上不断传承，后来有很多都被吸收为简化字，成为我们今天规范的汉字形体。

更为重要的是，汉字书写产生简化字，这些简化字在作为偏旁

① 郭沫若《由周初四德器的考释谈到殷代已在进行文字简化》，《文物》1959年第7期。

② 玉的形体象串起来的玉片之形，也可能取象于玉琮之形，玉琮是祭祀所用的玉器中的重器，理所当然地可以作为玉器的代表。

使用的时候，这种简化的偏旁往往在书写中通过类推，使大量的汉字得以简化。如：

“早晚”的“早”，金文作□（中山王鼎），《说文》篆文作□，睡虎地秦简作□，从日、在。中山王鼎用字往往添加一些装饰性的笔画，所以，睡虎地秦简作□，有可能是“早”字的初文。□从日、在，在是测量日影的表杆，[①]立杆测影必在早晨，故古文字以□表达“早晨”的概念。

□一个形体同时表示两个概念。[②] 因为立杆测影必选择地势高、阳光不会被遮挡的地方，所以，□又表示“高”和“照得到阳光的地方”。[③]

为了有所区别，“早晚”的“早”，古籍中假“蚤”为之。“蚤”的本义是“跳蚤”。《玉篇 · 虫部》：“蚤，啮人跳虫也。”《诗 · 豳风 · 七月》“四之日其蚤”朱熹集传：“蚤，蚤朝也。”《广韵 · 皓韵》：“蚤，古借为蚤暮字。”

后来，表示“高”和“照得到阳光的地方”的“早”，形体逐步变化为“昜”。[④] 其变化过程是：扬鼎作□，叔鼎作□，宅簋作□，□叔鼎作□，矦马盟书作□[⑤]，楚帛书作□。汉字中高的地方往往添加“阜”，所以“昜”也添加“阜”为提示符号作“陽”。其形体变化是这样的：甲骨文作□，敔簋作□，虢季子白盘作□，阳陵虎符作□，睡虎地简作□。

这样，表示“高”和“照得到阳光的地方”的“早”，形体作“昜”或

---

① 陆忠发《汉字学的新方向》54—55页，浙江大学出版社2009年版。

② 这种情况在文字中很多，如□、□除了表示“星星”的概念，还表示“明亮”的概念。因为人们晚上仰望天空，总是能够感受到星星非常明亮。因此，□、□又因为人的感受而表达了“明亮”的概念。《说文 · 晶部》：“晶，精光也，从三日。”这样，“晶”就同时表示“星星”和“明亮”两个概念了。为了区分“星星”和“明亮”两个概念，星星的概念用字又添加提示符号“生”以提示其声音，作□，现在简化为“星”。这样，“星星”和“明亮”就区分开来了。

③ 陆忠发《汉字学的新方向》54页，浙江大学出版社2009年版。

④ □下面的一竖是测日影的表，古人为了判定表是否垂直，在表上系上绳索，于是人们在表上添加彡作为提示符号，这样□就演变成了□。

⑤ 古文字界习惯用“矦”，所以可以不改作“侯”。

者"陽",已经与表示"早晚"的"早"区别开来。于是"早晚"的"早"又用原来的形体表示了,不再假借"蚤"。这就是"早"明明比"蚤"简单,古籍却假借"蚤"表示"早",后来又不再用"蚤"表示"早"的原因。

表示"高"和"照得到阳光的地方"的"昜"在传世文献中往往都写成"陽","昜"常常作为构字的部件在别的字中使用。但是,书写"昜"者往往省略"日",作"",如晋·索靖《月仪帖》之"畅"(图一)。类推之,楊、揚、鍚、煬、暘、瘍、婸、颺、瑒等字就简写成了杨、扬、钖、炀、旸、疡、𫗴、飏、玚等。

晋·索靖

《月儀帖》

图一

草书对汉字结构的改变常常是巨大的。草书的结构又被人们转化为楷书的形体,往往就使得汉字的形体发生巨大的变化,形成简化的形体。如:

白昼的"昼",楷书作"晝"。《说文》:"昼,日之出入,与夜为界。从畫省,从日。"《说文》的解释根本无法说明古人造字的用意。我们联系甲骨文形体看。昼,甲骨文作,亦作。○表示日晷的晷面,晷面中的点是个提示符号,提示日晷的表杆插入的位置;和表示测日影的表杆,和上面的斜线是表杆的悬绳,用以判定表杆是否垂直,也是提示符号,提示表杆的下部是尖的,以便于插入晷面圆孔之中;是手,与表杆合起来表示立一根表杆;表示表杆在太阳下的投影移动的范围。整个字表示:在晷面的"·"这个圆孔处立表杆,则表杆在太阳下的投影将在晷面的"B A"这样一个范围内移动。这样就巧妙地把"白昼"的意义表达出来了。当太阳初升时,表杆的投影在A处;随着太阳的升高,表杆的投影由A向B的方向移动,最终在太阳落山时,表杆的投影到达了B的位置。表杆的投影由 A 移动到 B 的位置，这就是一个完整的“白昼”。先人们对“白昼”意义的表达是何等巧妙而精确！

经过一定的演变，就成了今天的汉字“昼”，其演变过程大致如下：→→晝→昼。而由楷书的“晝”到现在的简化字“昼”，是草书形体楷化的结果。可参考图二、图三“画”“尽”二字的变化。①

图二

图三

尽，小篆作，秦诏权作，春秋事语作，尹宙碑作，楷书写作“盡”。《说文》：“盡，器中空也。”“盡”表达的是“完结”的概念，这个概念极其难用一个形体来表达。古人用洗刷器皿表达“完结”的概念。古代，器皿一般是盛食物的，食物吃完了要把器皿洗刷一下备下一次使用。所以古人用洗刷器皿表达“完结”的概念。② 现代的字体“尽”也是草书楷化的形体。(图三)

① 本章所引书法图片，基本上源于欧阳中石、程同根、张玮先生编《章草字典》(华夏出版社 2004 年)，谨向编者致谢。

② 我们去人家吃饭，等你赶到的时候，人家已经在洗碗了，显然已经吃完了。

我们下面举例的“門(包括‘鬥’)”旁,被批量简化为“门”,也是草书楷化的结果。(图四“闢”,图五、六“门”)

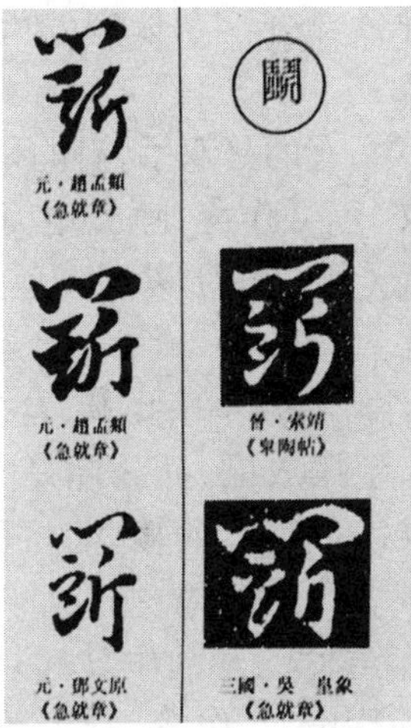

图四

图五

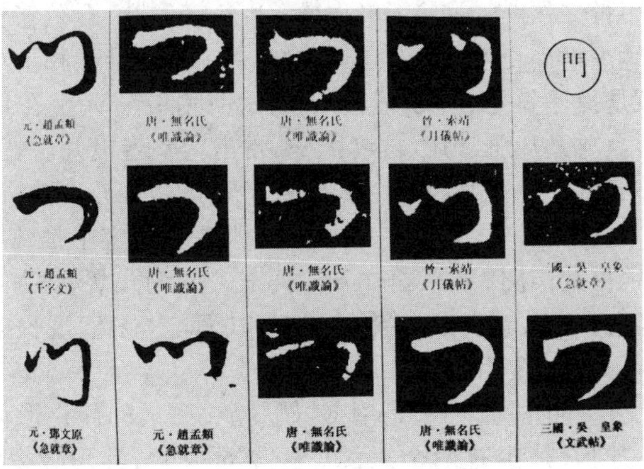

图六

第三节　许多汉字部首失去意义内涵

书法对汉字结构部件的改变，导致部分汉字偏旁发生变异，进而导致本来不同的部件趋于相同。如：

现代汉字的偏旁“丌”，在古文字中，有的是双手，有的是“几”。

兵，甲骨文作，彧簋作，《说文》籀文作，睡虎地简作，衡方碑作。甲骨文形体是双手持斤（斧头），所以，现代字体中的“丌”，在古文字中是双手。

具，甲骨文作，㝬钟作，曾伯簠作，小篆作，老子乙本作，武威简作。甲骨文形体是双手摆放鼎，摆放鼎是祭祀必需的准备工作，故造字用双手摆放鼎表达“准备”的概念。可见，现代字体中的“丌”，在古文字中是双手。

共，亚且父乙己卣铭作，牧共簋作，善鼎作，《说文》古文作，睡虎地简二四·二四作，老子甲五二作。“共”的金文形体是双手持器物之形，在古文献中的意义是“供设”。所以，现代字体中的“丌”，在古文字中是双手。

典，甲骨文作，弜父丁觯作，井侯簋作，召伯簋作，小篆作，睡虎地简作，华山庙碑作。典之甲骨文和金文形体所从的“二”是提示符号，提示地面。古人席地而坐，人坐在地上手捧的是书册。典又从册从几，古者跪坐，常常为长者设几。长者读书，必然置书于几上。从册从几，表示置于几上的书册。所以，“典”的本义是“书册”。显然，现代字体中的“丌”，在古文字中是几。

其，甲骨文作，母辛卣作，吴王夫差剑作，添加“几”声。《说文》籀文作，新嘉量作，尹宙碑作。显然，现代字体中的“丌”，在古文字中是几。

现代汉字的偏旁“门”，是草书“門”楷化写成的简化形体。而作为偏旁的“門”，其实有两个来源。一个是“門”，其形体变化如下：門，甲骨文作，颂鼎作，睡虎地简作，鲁峻碑作。另一个来源是“鬥”。甲骨文“鬥”作，亦作，通过两个成年人各出手击打对方，表示打斗之意。《尉缭子·制谈》：“金鼓所指，则百人尽斗。”引申为战斗。《孙子·虚实》：“敌虽众，可使无斗。”小篆作，楷书作“鬥”。汉字中凡是表示“打斗”“争讼”“纠结”等意义的字，往往以“鬥”为偏旁。如：《说文》：“鬨，鬭也。从鬥，共声。《孟子》曰：‘邹与鲁哄。’”《说文》：“鬩，讼也。《诗》云：‘兄弟鬩于墙。’”《说文》：“鬭，遇也。从鬥，声。”《说文新附》：“鬧，不静也。从市、鬥。”但是，因为“鬥”书写不便，又与“門”形体相近，人们在书写汉字时常常把“鬥”旁写成“門”旁，如：“鬭”睡虎地简作，老子甲本作，孙子作，赵宽碑作。“鬧”，《龙龛手鉴》卷一作、。“鬨”，《龙龛手鉴》卷一作、。

肉，甲骨文作、，与“月”作、形似。篆文“月”作，更是与篆文“肉”完全相同，如篆文“肌”作。故汉字中从“肉”的字，一律写成从“月”。

现代汉字偏旁有“左耳朵”“右耳朵”之说，“左耳朵”来源是“阜”，表达“山阜”“台阶”等等意义。其形体变化如下：阜，甲骨文作、，《说文·𨸏部》作，汉印征作，孙膑作。

“右耳朵”来源于“邑”，表达“城邑”，所以地名用字往往从“邑”，如郢、邮、邵、邢、邦、邱、都、郊、郫、邯、邛、郃、郫、郜、郭等字全部从“邑”。邑形体变化如下：甲骨文作，金文作，睡虎地秦简作，马王堆帛书《战国纵横家书》作，形似，故书写时也形成。

黑，甲骨文作，金文作，此字从人而遮其面目，以人的感受表达“黑暗”的概念，引申为“黑色”。《说文》篆文作，是甲骨文“黑”的异体字，从二火从，表示窗子。利用火在窗子下面烧东西这样的行为，表示导致窗子“黑”这样的结果。“黑”本从二“火”，战国纵横家书191作，上面的“火”变化为“土”，下面的“火”近似四点。史晨碑作，完全变化为四点。

燕，《说文》：“燕，玄鸟也。籋口，布翄，枝尾，象形。”小篆作，战国纵横家书作，熹·仪礼作，将燕翅膀的一部分和燕尾合起来变化为四点。

本来完全不同的部件，往往就会因为书写导致的趋同而变化成为相同的构字部件。现代的汉字字典，按照楷书的形体重新确立部首归并汉字，这种相同的构字部件，被确立为部首之后，这样的部首就已经没有了意义内涵。如现代的汉字字典中，“黑”“燕”被归并在“四点水”部，“四点水”与“黑”“燕”的意义是毫无关联的。

可见，书写导致汉字部件的变化，导致现代汉字的很多部首已经失去意义内涵，完全是一种符号化的部件。

第四节　汉字结构趋向符号化

汉字的结构类型，传统的有“六书”的说法，汉代许慎《说文解字叙》：“一曰指事，指事者，视而可识，察而见义，上下是也；二曰象形，象形者，画成其物，随体诘诎，日月是也；三曰形声，形声者，以事为名，取譬相成，江河是也；四曰会意，会意者，比类合谊，以见指㧑，武信是也；五曰转注，转注者，建类一首，同意相授，考老是也；六曰假借，假借者，本无其字，依声托事，令长是也。”清代戴震在《答江慎修先生论小学书》中专辨历来论转注者之谬，提出了他的六书“四体二用”说，认为造字之法只有象形、指事、会意、形声四种，而转注、假借二者乃是用字之法。这个认识是正确的。所以，六书当中，谈汉字结构的是象形、指事、会意、形声四种。

象形字的表意方法就是用线条把事物的轮廓勾勒出来，让人们见形知物。如甲骨文(象)，勾勒出象的外形，有大耳朵、长鼻子、身体、四肢，一见就知道是大象，不会想到是犬或是猪、马。

指事字的表意方法就是在事物形体上面加一个指示符号，指出造字者所要表达的意义是这个事物的某某部位，如甲骨文(亦)，在人的两臂之左右各加一个点，指示腋下所在之处。

会意字的特点是“比类合谊，以见指㧑”，它集合两个或两个以上形体来体现字义。如甲骨文(弃)，从从从，为畚箕之

类的弃秽之器，是两只手，古文字中手往往表示手的动作，这里的表示两只手拿着什么，与结合在一起，就表示扫除什么或者丢弃什么的动作。再加一个，、、这三个部件组合在一起就表示"丢弃"的概念。因为社会生活中不可能有把自己要养育的孩子放在盛放垃圾的器具中这样的事情，既然是放在盛放垃圾的器具中的孩子，肯定是死掉的孩子，要去丢弃掉。因此，、、这三个部件组合在一起就表示"丢弃"的概念。[①]

形声字就是由形旁和声旁组合成的字。一般说来，形旁表示这个字的意义类属，声旁表示字的读音。如在古文字中，凡是与行走或者脚的动作有关的概念，其字形往往都添加"彳"作为提示环境的提示符号，或者添加"止"表示行走的器官。因为"彳"与"止"是相关联的提示符号，后来干脆把它们合并为"辵"。于是，凡是与行走或者脚的动作有关的概念，其字形往往都添加"辵"为提示符号，"辵"又进一步演变出"辶"。

汉字早期的结构，形体和意义之间的联系是比较紧密的，见形往往能够知义。但是，随着汉字方块字结构的逐步形成，汉字逐渐趋向于符号化。日月，看不出其本来的形状；雨水，失去其动态的意味；追逐，没有了施受的双方……这些，在熟悉古文字结构的人这里，仍然是可以理解的。但是，对大多数人来说，现代的汉字结构就是一个完全的符号。

书写对汉字部件的改变，导致部分汉字形体不可解释，变成纯粹的符号，即使是专门研究文字的学者，也很难明白变化后的形体和意义关系。如：

"奔跑"的"奔"，盂鼎铭作，井侯簋铭作，石鼓文作，孙子七九作。从，整个字是一个人形，但是，他的四肢均作跑动状。

① 研究书法的读者可以阅读研究文字学的学者们的东西，比如拙著《汉字学的新方向》（浙江大学出版社2009年版，可以在线阅读）和《当代汉字学》，我在书中分析了大量古文字如何表意的例子。读这些文字，也能够得到别样的乐趣。

所以，夭这个字，人形是一个表意部件，四肢又是另一个表意部件，合起来表示“跑”。因为跑必然要用脚，所以后来又添加表示脚的提示符号“止”，字就写成了“走”。所以，夭就是“走”的本字，其意义是“跑”。“奔”从夭表示跑，又从三个“止”或三屮（草）。“止”表示人的脚，人不可能有三只脚，从三个“止”之意是提示其两脚交替的速度极快，看上去象是有好几只脚似的。合起来表示“快速奔跑”的概念。所以，“奔”比“走”更快。

“奔”又从“走”从三屮，芔表示一个宽广的平面上面都是草，即长着草的地面。奔乃是利用“奔跑的人在草上”这样的人与草之间的位置关系，表达人奔跑速度极快。我们形容人奔跑极快，有时还说“他脚不着地地跑了”。“奔跑的人在草上”就是我们说的“脚不着地”。

“奔”无论是作奔，还是作奔、奔，它的形体如何表意都是可以说解的。但是，从战国秦汉开始，人们把奔、奔所从的芔写成了“卉”，形体作奔，变成从夭从“卉”的结构。这样一来，奔的结构如何表意就没法说解了。从夭从“卉”，如果按照会意字结构理解，我们没法说明为什么从“卉”。裘锡圭先生说是三个止被改成形近的卉，用以表示奔字的字音。但裘先生也说“奔”以“卉”为声旁，“很不相谐”。①所以，按照形声字结构理解，也没法说解。

“闭”，豆闭簋铭作閉，子禾子釜作閉，篆文作閉。金文闭从门从十，表达“关闭”的概念。古代的木门，关闭时必用门闩闩上，然后用一根大木顶住上墙和地面以加固关闭的门，这正是“十”所表示的意思，横的表示门闩，竖的表示加固的木头。篆文又多一横，可能指两个门闩，大的门往往不止一个门闩。所以，“闭”作閉、作閉、作閉都是可以说解的。

秦汉时期，人们书写时把篆文閉所从的两个门闩和一根加固的木头讹作“才”，睡虎地简二〇·一七九作閇，春秋事语三六作閇，《仓颉篇》二八作閇。从此，“闭”的结构被写成了从“门”从“才”。

---

① 裘锡圭《文字学概要》132 页，商务印书馆 1983 年。

《说文》:“闭,阖门也,从门、才,所以歫门也。”如果是“才”就不知如何歫门了。这样的形体也是不可说解的。

“兴”,甲骨文作,亦作,兴壶作,父辛爵作,鬲叔盨作,侯马盟书作,睡虎地简一五·一〇一作,纵横家书二六〇作,熹·仪礼·乡饮酒礼作。从两双手表示两个人,从,是担架之类的东西,合起来表示“抬”的概念。或添加“口”,口是提示符号。数人共抬一物,往往伴随着喊出口号(如哼唷哼唷之声),故加“口”提示喊口号。从战国开始,人们书写时,把与“口”写到了一起,于是就误为“同”。《说文》:“兴,起也,从舁,从同,同力也。”兴由“抬”引申为“起”,从“同”为形误,“同力也”显然是误解。

甲骨文以“昔”表达“往昔”的概念。“昔”甲骨文作、、、诸形,从、表示大水,从、表示宫城,[①]因此,“昔”字造字利用宫城与大水之间的关系,表达宫城都被大水包围的时代——即往昔。大约5 000年前,地球曾经历一次大水,大地成为泽国。宫城因建于夯土地基之上,才免于被大水淹没。然宫城四周已一片汪洋。这一次大水,成为人类永久的记忆,故造字用表示“往昔”的概念。这个形体表意是非常明确的。金文把写成作(何尊铭文),《说文》小篆作𥅆,为今体“昔”所本。大水被写成、、,“昔”的形体如何表意就不可解了。

① 表示宫城,也表示宫城,不是“日”,我们从夏商之际的二里头宫城看,其主殿在宫城之中央,故从添加“”为提示符号,请参考陆忠发《都邑考》,《杭州师范学院学报》2005年第2期。

第二章　汉字书写与字体变化的关系

陆忠发在《当代汉字学》中指出:"文字是记录语言的符号系统,这个符号系统是学习过文字的全体社会成员共同理解的。人们在识读文字时,为了尽可能地减少不必要的记忆负担,希望其形体固定;为了最经济、高效地使用这些符号,人们必须规范这些符号,使它的形体相对固定,不同的人写出来的字,其形体都差不多一样。所以,全社会必然会有一个大家认同的规范字体。同时,人们在书写文字时,为了尽可能地提高速度,往往会或多或少地对文字的形体进行一些改变。这些改变都是人们书写时的个人行为,这样写出来的字,我们可以称为'手书体'。汉字发展的历史上一直并行着两种字体——规范体和手书体。"[①]规范体和手书体的相互影响是推动字体变化的根本原因。

第一节　手书体是推动字体变化的根本动力

手书体对字形的创新性改变会最终导致字体发生变化。字体变化是渐变的,遵循从量变到质变的原则。汉字字体的变化是由于字形变化的元素累积到一定程度引起的。因为汉字的使用主要是手书,写字的人都各有自己的习惯和爱好。[②] 书写者按照自己的喜

---

① 陆忠发《当代汉字学》10 页,上海教育出版社 2014 年。

② 我们从唐代的碑刻中发现有楷书和小篆混书的碑(山西大学文博学院、襄垣县文物博物馆《山西襄垣唐代浩氏家族墓》,《文物》2004 年第 10 期),这应该反映了逝者生前对楷书和小篆的特别爱好。

好把字形作一定范围的改变，从单个字看，后来书写的形体与稍早时期的形体相比，改变是不大的。但是，这种逐步的变化累积到一定程度，字形就会发生很大的变化。

如食，甲骨文作，上曾大子鼎作，与甲骨文形体仍然接近；仲义簋作，上面与上曾大子鼎接近，下面食器的圈足已经改变为，睡虎地秦简作，已经非常接近隶书，但是与仲义簋相比，仍然能够看到有相似的地方。史晨碑作，汉熹平石经作，都有与睡虎地秦简相似处，但是与甲骨文形体相比就已经有质的不同。

及，甲骨文作，保卣作，石鼓文作，睡虎地秦简作，马王堆汉墓出土帛书《老子甲本卷后古佚书》作，似睡虎地秦简，而末笔明显有隶书的波折，居延汉简作，波折更加明显，武威汉简作，已经为隶书的形体。但是，东汉的武氏祠祥瑞图题字作，又不遵守隶书的写法，追求草率，成为章草的形体。

从上面的举例中，我们可以看到，处于篆书规范的时代，人们在书写时由于追求快捷，往往会不同程度地把篆书的线条变化成为平直的笔画。

在单个字形变化的同时，字体的变化也在孕育之中。书写者按照自己的喜好把字形作一定范围的改变，如有人喜好把向下的一笔写得又长又重而又圆润弯曲，形成香蕉形态；有人喜好把向下的一笔写得又长又重而又渐渐收笔，形成垂挂的柳叶形态；有人喜好把横的左边用毛笔轻轻一挑形成蚕头形态，又在右边施以重笔又渐渐向上收笔形成燕尾形态，这种改变一开始都是个人行为。但是，这种个人的创新性改变，使汉字形体更加美观，后来大家仿效，便形成风气，于是所有的汉字都用这种书写方法书写。所以我们看到，人们书写时对篆书的改变，不但在日常书写中如此，在庄重的青铜器铭文中也常常存在，说明这种追求，这种变化，已经得到社会的广泛认可。认同并且重新规范这种追求和变化，就导致隶书出现。

这些变化都说明，汉字在书写过程中总是既趋向于接近规范体又同时趋向于书写方便、简单化。汉字在书写过程中总是处于这两种倾向之中,受到这两种力量的共同作用。具体到书写出来的每一个汉字,在书写时更加趋向于规范字体,则写出来的字更加接近规范的字;书写时更加趋向于简便,则写出来的字就会距离规范字体远一些。随着文字的传播,人们手书中对规范字体的改变渐渐地得到社会的认可,于是人们书写时便常常按照这样的字体去写,并且在书写实践中逐步探索,使得书写出来的字更加美观,进一步又将这种人们认为美观的字体规范化作为新的规范字体。所以说规范体和手书体的相互影响是推动字体变化的根本原因。手书体书写快捷的特点使得它能够迅速普及并且不断扩大影响,是推动字体变化的根本动力。

第二节　规范体影响、控制手书体

规范的汉字形体,总是在无形中影响、控制着书写者的书写行为。因为文字是全社会共同使用的语言符号,书写文字的目的是为了交流思想,书写者虽然常常会根据自己的习惯、爱好对字的形体作一定的改变,但是这种改变不能超出人们能够接受的范围,否则人们就有可能不认识书写者写出来的字。所以,尽管手书体快捷、草率,但都不会距离规范体太远,在圆转的古文字作为规范字体的时代,人们书写的手书体,虽然有改变线条为笔画的趋势,但是字体总是或多或少地保留古文字的部分特征;在隶书方块字规范下的手书体,虽然笔画可以连写,但是不会再成为线条而使字体变成近似古文字的形体。隶书使汉字彻底失去了象形的意味,变成方块字,后来的楷书、行书、草书都是在方块字基础上的变化。

因此,人们手书出来的字形,总是或多或少地受到规范字体的影响。这种影响主要表现为以下两个方面。

一、手书字体整个字接近规范字体

在规范字体的影响下,人们书写文字,总是尽可能地接近规范字体，以方便交流思想，所以必然有一些字的形体接近规范字体。如在秦代的里耶简中，“洞庭郡不知何县”这句话常常出现，“洞”作、“县”作或者，都与小篆接近。张家山汉简 32：“食绝者攻之，军少则恐，众则乱；舍于易、毋后援者攻之。”其“绝”作，“众”作，“乱”作，仍能看到小篆影响的存在。

二、手书字体的某些部分接近规范字体的写法

规范字体一般都比较工整，严格按照规范字体的写法书写汉字，书写速度肯定会慢一些。然而，人们在手书汉字时，为了追求提高速度，书写出来的汉字与规范字体相比，总会或多或少地产生一些变化。但是，这些变化总是在接近规范字体的范围内变化，不能距离规范字体太远。因为距离规范字体太远，可能会导致书写出来的汉字，别人不认识。因此，虽然手书汉字不可能完全与规范字体一致，但是，手书出来的字还是有某些部分接近规范字体的写法。如殳，趞曹鼎作，睡虎地秦简作，前三笔与篆文作相似，但是最后一笔显然已经拉直，有隶书之风。马王堆汉墓出土帛书《胎产书》作，其第一、第二笔接近隶书，而最后两个笔则更加接近篆文。

伐，甲骨文作，㝬钟作，侯马盟书作，睡虎地秦简作，与睡虎地简同时代的绎山碑作，与篆文同。这说明睡虎地简明显趋向于隶书。但是，其起笔的“人”又非常接近周代大保簋的，所以，战国手书体正处于受篆体影响而又趋向于隶变的过程中，里耶简的“洞庭郡”的种种写法正好印证这一特点。

金文往往也追求草率，如陟，甲骨文作，亦作，㾓钟作，蔡侯盘作，皆比较规范，而沈子簋作，散盘作，㝬钟作，都显得草率。而且沈子簋和散盘的“止”在书写时已经有将线条变化成为平直的笔画的情况。㝬钟的降作，其中的“阜”，三个表示阶梯的部件大小相差悬殊，这也是草率的表现。

逐，篆文作，马王堆汉墓出土帛书《战国纵横家书》作，连笔现象非常明显，这也是草率的表现。

降，甲骨文作，瘼钟作，楚帛书作，武威汉简作，可见，战国楚帛书降的两个“止”的书写与武威简的隶书的写法已经非常接近。

追，绎山碑作，而睡虎地秦简作，其末笔明显有隶书的波折。其起笔，则与《说文》小篆的的写法非常接近。

当然，汉字的书写还是存在很多个人的因素，有的人追求快捷，可能就使写出来的字距离规范字体非常远。如为追求书写快捷而改变古文字线条的趋势在商代手书体中就有体现，[①]在《侯马盟书》中表现得已经十分明显。洛阳大学文物馆在 2005 年收藏了一件战国有铭铜鼎，[②]上面的文字几乎完全线条化。考古发现的秦砖铭文字已经“又给我们展现了另外一种令人惊叹的式样。特别是《珍字》[③]、《泛字》二砖铭，已然作出一呼：书法的行书书体产生了。楷书也在萌芽了。此二砖铭结体质朴凝练，笔画随意自然，尤其《珍字》玉字旁的横画一呈隶书笔意，而右半‘尔’字呈尽行书之态；《泛字》的三点水写法，点画分明，一寓楷书之形，而右边‘乏’字一任行书之笔写来，活脱一个有如当今行书体的‘泛’字”[④]。三点水的这种楷书写法，在里耶简中也有，如“洞庭湖”的“洞”字，有的简就作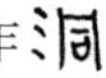。洛阳大学文物馆藏铜鼎铭文把马的腿写为三点，这种写法只有汉代才比较多见。

这样的变化没有普及开来的原因就是变化的幅度太大，超出了人们能够接受的范围。因为文字是全社会共同使用的符号，在短时间内发生急剧变化，字形变化太大，人们很难接受。

规范体和手书体总是存在着一定的差异，但是二者的差别总是在一定的限度之内，因为人们普遍熟悉的是规范体，手书体如果与

---

① 如“祝”字之人体就显得草率。

② 《文物》2006 年第 11 期。

③ 忠发按：这个字应该是“玺”字。

④ 秋子《中国书法史略》80 页，兰州大学出版社 2008 年版。

人们熟悉的规范体差别太大，人们就很难识别了。所以，写字的人，尽管他想方设法追求书写方便、快捷，他也不得不遵守规范字体的规范。这是规范体影响、控制手书体的具体表现。

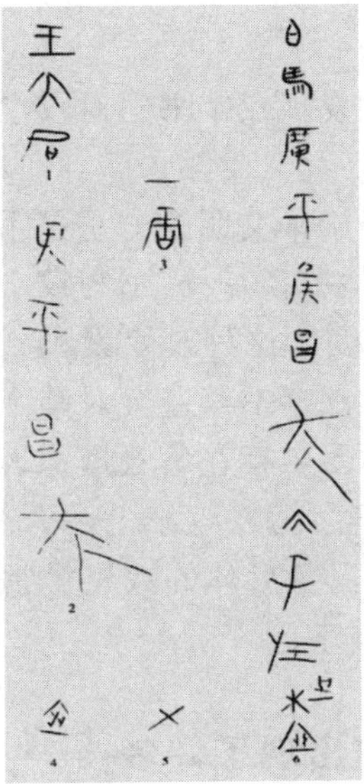

图七　洛阳大学文物馆藏战国铜鼎铭

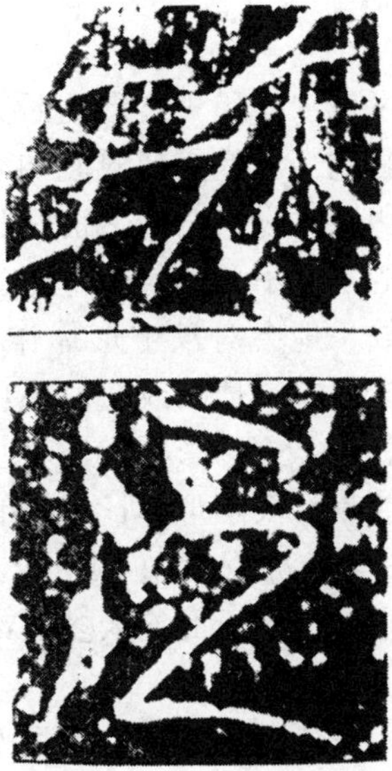

图八　秦砖铭玺字和泛字

随着印刷术的出现，规范字体楷书已经定型，其后的汉字手书体一直只能在不远离楷书的范围内变化，汉字手书体的各种变化，只能是书写者个人的艺术创造，已经不可能推动汉字字体发生变化了。汉字字体的变化止于楷书，行书、草书是楷书形体书写快速形成的变体，是楷书的下位字体。

第三章　汉字书写对汉字体系的影响

通过对汉字历史字形的研究，我们发现汉字书写对汉字体系产生重大影响。我们需要对此加以研究。

在印刷术没有出现之前，汉字传播中华文明的方法是手书。手书出来的汉字不可能与规范的汉字形体一模一样，书写汉字的人总是或多或少地会对汉字形体作一些改变。这种改变累积到一定的程度就会引起字体的改变。不仅如此，汉字书写还会对整个汉字体系产生影响。这种影响，最终使汉字体系中存在着数量惊人的异体字。目前收录汉字形体比较多的《中华字海》，收字七八万个，而历代常用的汉字形体都在四千个左右。汉字形体的数量是常用字形体的二十倍！这里面绝大多数都是异体字。

第一节　汉字体系中出现了许多异体字和假异体字

文字是全社会共同使用的语言符号系统，因此必须有一个社会共同的规范。所以，各个时代都有一个规范的字体，各个时代的汉字体系中都有规范的字形。我们从甲骨卜辞不同历史时期的文字形体上看，不同历史时期的甲骨文，字的结构往往都有各自的习惯，如“灾”字，一期、二期作、，象大水形；三期很少作、，很少作（从水，添加“在”为提示符号，提示读音）；作较多，从戈在声，是形声字；四期作；五期全部作。可见，商代的时候，文字有规范的写法。战国时期，诸侯各国“言语异声，文字异形”，这种语言文字差异阻碍了诸侯国相互之间的文化交流，也不利于统一国家的统治。因此，秦统一全国后，“丞相李斯乃奏同之，罢其不与秦文合者。斯作《仓颉篇》，中

车府令赵高作《爰历篇》，太史令胡母敬作《博学篇》，皆取史籀大篆，或颇省改，所谓小篆者也”[①]。当时，秦朝把《仓颉篇》《爰历篇》《博学篇》作为学童识字的标准范本颁行天下，并且“烧灭经书，涤除旧典”，使人们没有机会接触前代古文字和各国文字，从而使小篆迅速成为全国的规范字体。小篆和后来的石刻经书如《三体石经》，既是规范的字体，也是对一个个具体汉字形体的规范。唐代颜元孙《干禄字书》提出的“正字”就是为了告诉读书人字的哪一个形体是规范的形体，是为读书人参加科举考试指明应该写的汉字形体。

但是，由于追求速度和个人书写习惯等等方面因素的影响，人们书写出来的汉字不可能与规范字形完全一样。不同的人书写同一个汉字，写出来的形体也会有或大或小的不同。如“黍”，甲骨文作，亦作、。“它”，甲骨文作，亦作、。“贝”，甲骨文作，金文师遽簋作，召伯簋作。“采”，甲骨文作，亦作，南宫中鼎作，睡虎地简三二·七作，武威简·燕礼三一作。

同一个人写的同一个字，形体也往往有所不同。如里耶秦简上的“之”，形体就有作、、、等不同。[②] 同一支简上的文字应该出于同一个人之手，同一支简上的文字形体的不同是同一个人书写出来的。

个人书写汉字对汉字体系的影响主要有两点：

一、改变汉字部件

（一）改换部件

如“雌”在敦煌文献中有 1、 2 两种写法，[③]就是因为部件

---

① 许慎《说文解字叙》。

② 后来就演变为“止”，、、演变为“之”。《诗经》中的许多诗使用的句尾语气词，有的作“之”，有的作“止”，就是书写造成的不同。

③ 敦煌文献是迄今发现的手书材料最丰富的考古材料，所以我下面常常从敦煌文献中举例。本章引敦煌文献中某某字的写法，都取自黄征先生《敦煌俗字典》，上海教育出版社 2005 年版。所引文字后面的“1”“2”等数字，是我加的，表示《敦煌俗字典》某某字头下面的第一个写法和第二个写法。下同。

或从“隹”、或从“鸟”不同。

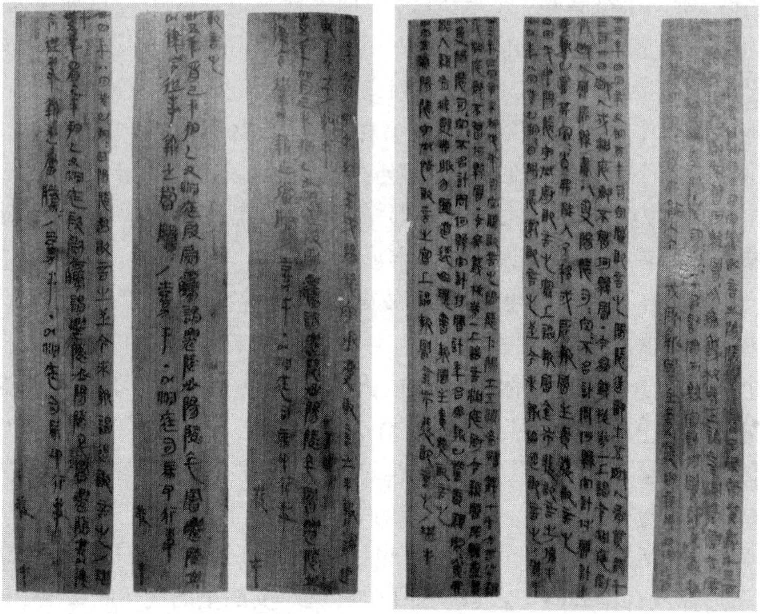[1]

图九

《大目乾连冥间救母变文》：“弟七隔中见青提夫人，身上下四十九道长打，打在铁床之上。”黄征先生按：同卷下文“狱主闻语，扶起青提夫人，拔却四十九道长钉，铁锁锁腰，生杖围遶，驱出门外。”，其字作“钉”。[2] 在汉字体系中有表示“钉子”的“钉”，从“金”“丁”声。汉语名词和动词常常可以共用一个形体，所以，“钉钉子”的动作也用“钉”表示。但是，“钉钉子”毕竟是手的动作，所以又写成“打”，从“手”“丁”声，打应该是为动词的“钉”造的本字。

《说文》：“湩，乳汁也。”《玉篇》：“江南人呼乳为湩。”《摩诃摩耶经》卷上：“作是语已，两乳⿰重乳出犹白莲花，而便入于如来口中。”黄

① 图片取自《文物》2003 年第 1 期。

② 黄征《敦煌俗字典》88 页，上海教育出版社 2005 年版。

征先生按：[illegible]，当为“湩”之俗字。[1] 忠发按：“[illegible]”是“湩”改换意符为“乳”形成的异体字。

（二）改变部件位置

如《敦煌俗字典》20 页“避”有避 1、避 2、避 3、避 4 四种写法，避 1、避 2、避 3 之“辶”被安排在下面，是上下结构。避 4 在左边，形成半包围结构。同一个字的形体就出现了不同。

二、添加部件

如作为量器的“斗”，在敦煌文献中有㪷 1、㪷 2、㪷 3、㪷 4、斗 5、斗 6、斗 7、斗 8、斗 9、斗 10 十种写法，其中 1、2、3、4 这 4 种写法是从“斗”“豆”声的形声字。5、6、7、8、9、10 是象形字。“斗”是象形字，是表示量器的“斗”的本字。“打鬥”的“鬥”，又作“鬭”，都不好写，所以人们在书写“打鬥”时都习惯写成“斗”，这在文字学上叫“假借”。这样，“斗”的形体既表示量器的“斗”，又表示“打鬥”。可能是为了区别表示量器的“斗”和表示“打鬥”的“斗”，人们书写时添加“豆”作㪷表示量器的“斗”。

三、变化字形

在不改变汉字形体结构的前提下，由于个人书写的原因，写出来的字与规范的形体有所不同。如：

《敦煌俗字典》3 页“碍”有礙 1、㝵 2、㝵 3、㝵 4、㝵 5 五种写法，东汉碑刻杨君石门颂以“㝵”为“礙”。“礙”为什么会写成“㝵”？经考证与“得”有关。“得”的另外一个形体作“㝵”，㝵(礙)显然是㝵(得)上加“一”之后，提示手与所持之物之间有障碍，以此表达“有障碍不能得到”的意思，是俗字。[2] 㝵 3 和㝵 5 的“一”写得比较长，更加接近本来的形体，㝵 2、㝵 4 显然是形体稍微变化而成。

---

① 黄征《敦煌俗字典》89 页，上海教育出版社 2005 年版。

② 陆忠发《当代汉字学》300—302 页，上海教育出版社 2014 年版。

《敦煌俗字典》16—17 页“彼”有彼 1、彼 2、彼 3、彼 4、彼 5 五种写法，彼 1、彼 2 两个形体是按照“彼”之从“彳”“皮”声的结构去写的，彼 3 仍然是按照“彼”之从“彳”“皮”声的结构去写的，是对彼 1 的改变，而彼 4、彼 5 显然是在彼 3 的基础上进一步的改变，导致彼 4、彼 5 与彼 1、彼 2 就产生了非常大的不同。彼 4、彼 5 是按照从“彳”从“丨”从“支”的结构去写的，已经看不出按照“彼”之从“彳”“皮”声的结构了。

《敦煌俗字典》33 页“财”有财 1、财 2 两个形体，都是按照从“贝”“才”声的形声字结构书写的，其形体的差异是“才”的书写不同造成的。

《敦煌俗字典》53 页“持”有持 1、持 2、持 3、持 4 四种写法，都是按照从“手”“寺”声的形声字结构书写的。其形体的差异是“手”的书写不同造成的。

《敦煌俗字典》54 页“耻”有耻 1、耻 2 两种写法，都是按照从“心”“耳”声的结构书写的。其形体的差别是“耳”起笔不同造成的。

《敦煌俗字典》79 页“得”有得 1、得 2、得 3、得 4.1、得 4.2、得 5、得 6、得 7、得 8、得 9 十种写法，除了 9 是草书，形体变化太大外，其余形体差别也非常大，但是，如果按照 4.1 - 8 - 1 - 2 - 6 - 5 - 4.2 - 3的次序看，其形体相互影响的痕迹仍然是非常明显的。7 与 6 形体的差别，主要是“寸”的写法不同造成的。

《敦煌俗字典》88 页“顶”有顶 1、顶 2、顶 3 三种写法，都是按照从“页”“丁”声的结构书写的，形体的不同是最后两笔的处理不同造成的。

《敦煌俗字典》90 页“斗”有斗 1、斗 2、斗 3、斗 4、斗 5、斗 6、斗 7、斗 8、斗 9、斗 10 十种写法。前面我说 1、2、3、4 是形声字，5、6、7、8、9、10 是象形字。这几个象形字形体差别非常大，其实都是书写造成的。人们写“斗”字，可能习惯先写两点，后写一横，再写一竖，7、8、10 显然是两点连笔书写造成的；如果写两点时笔不提起来，而是在纸上拖动，继而顺势写出一横，最后又顺势写出一竖，就成了 5，5 的一横有向上带笔的痕迹，正好说明这一切。6 是先写出一点，然后提起笔写出第二个点并且顺势写出一横，一横写完后略作顿笔，最后再提起笔写一竖。这样写出来的“斗”与“升”几乎没有区别。5、6、7、8、10 毫无疑问是同一个形体。9，这一点是书写时为追求字的形体的平衡而加的。督作，[1]寸的右边加一点，也是这样。

从上面的举例中我们可以看出，汉字因为手书的缘故，有的改换了部件，有的添加了部件，形成了异体字。而更多的情况是不改变汉字形体结构的前提下，书写出来的汉字形体之间都或多或少地存在差别，文字学界也认定为异体字关系。

汉字书写产生的形体稍异的不同字体，文字学界称之为俗字。所谓俗字，就是不规范的异体字。[2] 蒋礼鸿先生说：“俗字是对正字而言的。所谓正字，从颜元孙的话来看，可以有下列意义：第一是有凭据，而所谓‘凭据’者，实在是‘总据《说文》’，就是合于前人所认识的《说文》里的六书条例。第二是不‘浅近’，用于高文大册，是有学问的文人使用的。第三，在封建社会中，这种统治阶级所使用的‘正字’，是被认为合法的、规范的。那么，俗字者，就是不合六书条例的，大多是在平民中日常使用的，被认为是不合法的、不规范的文字。”[3]但是，我们分析认为，这些存在差别的形体都是按照同样的结构去书写的，因为它们的结构相同，所以不能看成是异体字关系。这样的汉字形体之间是假的异体字关系。

中国一直到晚唐才有刻书，[4]在刻书没有出现之前，古书的流传全部依靠抄书。古书辗转传抄，个人对字形的改变因素逐步累积在

---

① 黄征《敦煌俗字典》90 页，上海教育出版社 2005 年版。

② 徐复《敦煌俗字典》序，上海教育出版社 2005 年版。

③ 蒋先生《中国俗文字学研究导论》，《杭州大学学报》1959 年第 3 期。

④ 宋叶梦得《石林燕语》卷八：“唐以前，凡书籍皆写本，未有模印之法，人以藏书为贵。人不多有，而藏者精于雠对，故往往皆有善本。字者以传录之艰，故其诵读亦精详。五代时，冯道始奏请官镂《六经》板印行。”《石林燕语》卷八：“世言雕板印书始冯道，此不然。但监本《五经》板，道为之尔。《柳玭训序》言其在蜀时，尝阅书肆，云‘字书、小学，率雕板印纸’，则唐固有之矣，但恐不如今之工。今天下印书，以杭州为上，蜀本次之，福建最下。京师比岁印板，殆不减杭州，但纸不佳。蜀与福建多以柔木刻之，取其易成而速售，故不能工。福建本几遍天下，正以其易成故也。”

一起，到一定程度时，书写出来的汉字形体与规范的形体的差别就可能比较大，甚至汉字的形体都会发生改变。《颜氏家训·书证》：“世间小学者，不通古今，必依小篆，是正书记；凡《尔雅》《三苍》《说文》，岂能悉得苍颉本指哉？亦是随代损益，互有同异。西晋以往字书，何可全非？但令体例成就，不为专辄耳。考校是非，特须消息。……自有讹谬，过成鄙俗，‘乱’旁为‘舌’，‘揖’下无‘耳’，‘鼋’‘鼍’从‘龟’，‘奋’‘夺’从‘藿’，‘席’中加‘带’，‘恶’上安‘西’，‘鼓’外设‘皮’，‘凿’头生‘毁’，‘离’则配‘禹’，‘壑’乃施‘豁’，‘巫’混‘经’旁，‘皋’分‘泽’片，‘猎’化为‘獦’，‘宠’变为‘寵’，‘业’左益‘片’，‘灵’底着‘器’；‘率’字自有‘律’音，强改为别；‘单’字自有‘善’音，辄析成异：如此之类，不可不治。”颜之推所说的种种情况，主要是汉字手书造成的。如《敦煌俗字典》100—102 页“恶”有 1、 2、 3、 4.1、 4.2、 5、 6、 7、 8、 9、 10、 11、 12、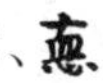 13、 14、 15、 16、 17、 18、 19、 20、 21、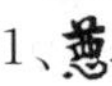 22、 23、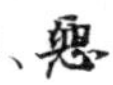 24、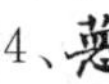 25、 26、 27 二十八种写法，4.2、26、27 就是颜之推所说的“‘恶’上安‘西’”，如果我们把 3－4.1－1－6－24－26－27－4.2 这些形体联系起来看，这种形体的变化，是书写造成的。著名文字学家裘锡圭先生《文字学概要》举南北朝人把“恶”写作“”，谓“恶”是德的反面，是去掉“德”字的“彳”旁来表示“恶”。[①] 其实，“德”去掉“彳”还是“德(悳)”，不可能就成了“道德”之“德”的反面——“恶”。“恶”之所以写成“”，我们把 3－4.1－1－8－9－10－11－13－15 联系在一起看，很明显，还是书写造成的。这种情况写出来的汉字形体大部分是假异体字，有些因为与规范的形体差别实在太大，像“恶”写成“”这种引起结构误认的，应该看成异体字。

因此，汉字书写使得汉字体系中产生了许多异体字，更增加了许多假异体字。

① 商务印书馆 1988 年版。

第二节　假异体字楷化，又进一步成为真正的异体字

前面我们论述了汉字手书造成汉字体系中出现异体字和大量假异体字。假异体字其实是手书产生的形体稍异而实际上仍然是同一个形体的汉字形体。虽然现在的部分学者把这些字体都看成是异体字，[①]但是，在汉字手书的大背景下，人们并不认为这些手书产生的形体稍异的字体之间有什么不同。所以，我们把这些形体称为"假异体字"。

随着楷书的出现和流行，古书的传抄基本上都以楷书书写。楷书的特点是用一笔一画组成汉字，不崇尚连笔，字体方正。在楷书流行的时代，大多数人都以识读楷书书写的文献为主，人们普遍熟悉的是楷书的形体。那么，在楷书出现和流行之前书写的古书，在楷书流行的时代，大多数人都难以通读了。于是，编写以楷书与前代手书字体对照的字典就成为帮助人们阅读前代古书的有效手段。辽代僧人行均的《龙龛手鉴》就是这方面的代表作。《龙龛手鉴》是老僧为帮助小僧阅读佛经而作，它将前人抄写佛经出现的字体(其中有异体字和大量的假异体字)转写为楷书的形体，与当时的楷书正字相对照，并解释其字义。这种把手书汉字转写为楷书形体的做法，就是我们说的手书汉字楷化。

手书汉字楷化就是按照手书汉字的形体的实际，将其转写成一笔一画的楷书形体。这种转写的过程，将手书汉字形体的微小的不同，转化成为楷书形体笔画上的不一致。使得在汉字手书的大背景下，人们并不认为这些手书产生的形体稍异的字体之间有什么不同的汉字形体，在楷书的大背景下就成了形体笔画不同的异体字了。

---

① 如黄征先生《敦煌俗字典》。

如：虎，甲骨文作，描绘的是老虎的身体轮廓，表示“虎”。召伯簋作，师虎簋作，描绘老虎回首之状，更显威猛。篆文讹作，将虎足和尾讹为，《说文》：“虎，山兽之君，从虍，虎足象人足。”“虎足象人足”是许慎解释“虎”从“虍”、从“人”的原因。篆文人作，楷书作“几”或者“人”，故虎往往直接写成“虎”或者“虎”。《龙龛手鉴》卷二有“虎”部，其中收“䖘今，䖘正”、“虗、虗二字同”、“虩俗，虩正”等不同字形，都是楷化不同造成的。汉字书写，“人”又常常写成“卜”，于是“虎”又常常写成乕。《篇海》卷一三虎部引《川篇》：“乕，呼古切，猛兽也。”“虎”的虎、乕两个异体字，显然就是手书形体楷化产生的。

《敦煌俗字典》61页“船”有舩1、舡2、舩3、舩4、舡5五种写法，舩1、舡2、舩3、舡5显然是同一个字，黄征先生辨舡5曰：“按：此字字典又载‘许江切’之音，亦‘船’义；《玉篇·舟部》：‘舡，船也。’然而敦煌写本所见，率皆‘船’之俗字。《集韵·僊韵》：‘船，俗作舡。’盖‘船’字先草作‘舩’，‘方口’变‘尖口’也；再草作‘舡’，连笔速写也。其间蛛丝马迹皆因楷化而隐灭。”[①]黄征先生所辨是也。按：后代编字书者按照舡5形体楷之，就形成了不同的形体“舡”。

《龙龛手鉴》卷三“见部”的“规”有䂓1、䂓2两个形体，敦煌文献Φ096《双恩记》：“汝莫伤叹，此盖常规。”“规”作規；敦煌文献P.3666《燕子赋》：“取高头之规，垒泥作窟。”“规”作規。《说文》：“规，有法度也，从夫从见。”小篆“规”作。显然規是把“夫”写成了。“夫”古文字形体多作，从“大”从“一”，提示人头上戴簪，表示是成年的男人。“夫”伯晨鼎铭作，把簪写成了。故“夫”进一步就写成了。因为形体与“矢”的楷书形体相近，楷书就把規楷化为从“矢”从“见”的䂓1。規所从的，又被写成，与“失”的楷书形体相近，结果規又被楷化为从“失”从“见”的䂓。唐颜元孙

① 黄征《敦煌俗字典》61页，上海教育出版社2005年版。

《干禄字书》："䂓规，上俗，下正。"可见，《龙龛手鉴》和《干禄字书》所收录的䂓 1、規 2 两个形体其实就是人们按照手书的实际楷化的结果，应该是同一个形体。二者本无不同，楷化之后就成了两个不同的形体。

敦煌文献 S.6659《太上洞玄灵宝妙经众篇序章》："探竿录籍，推校本原，无善无恶。""探"作揬，[1]《龙龛手鉴》手部："探、探，他含反，取也。"探显然是揬楷化的形体。

《龙龛手鉴》手部："𢫸俗，正作装字。""装"在《手部》，这是我们无法理解的。考敦煌文献 Φ096《双恩记》："日不遥，人满道，随分行装便应到。""装"作𢫸。原来，手书汉字时把"爿"写成了"丬"，把"装"写成从"丬"从"士"从"衣"的结构，于是楷化就成了𢫸。

毛笔书写形似即可，所以常常不注意细节，书写出来的同一个汉字，形体往往存在一些不同。这在毛笔书写的环境中，人们常常可以忽略这些细微的差别，认同为同一个字。但是，编写字典的人常常顾及不全，不可能每一种细微差别的形体都立一个字头，不同的人编写字典，选择了不同的形体，这样编写出来的字典，字头就有可能不一样。如"叔"和从"叔"的"蹴"，就有多种写法。唐代的《干禄字书》58 页："𡭴、叔，上俗下正。"中华书局影印高丽本《龙龛手镜》卷四《足部》："𨅊，俗；踧，正。"又"𨆌，俗，同上。"四部丛刊续编本又作"𨅊，俗；踧，正。"，又"𨆌，俗，同上。"，《篇海》卷九《足部》引《龙龛手镜》这两个俗字又分别作𨅊、𨆌。《康熙字典 · 足部》："𨅊，《篇海》与踧同。亦作𨆌。"如果我们要追问"叔"和从"叔"的"踧"等字为什么会形成这么多不同的形体，显然是毛笔书写把"叔"的"又"改换为"寸"(汉字书写每每有这种情况，如"得"。)，"叔"起笔的一竖，接下来是一横，书写快了，就连笔为十，接下来的"小"写成小或者八，楷书的第二笔是一小横，毛笔写成了一点，而且放到了左边。因为汉字书写常常会根据平衡的原则安排点的位置。如"式"又作式就

① 黄征《敦煌俗字典》398 页，上海教育出版社 2005 年版。

是为了平衡的需要。“寸”的一横与“尗”的一横合在一起，一点也与小或者⺌的点重叠而省略。所以，“寸”只写成长长的一竖。同样为了平衡的需要，有的人又在这长长的一竖右边添加一个点。

毛笔书写的⿻尗寸，其书写顺序应该是一撇，接下来一长横，接下来一长竖，接下来左上一点，接下来写小或者⺌，最后是右边的一点。其笔顺与楷书完全不一样。

同一本书上的“踧”字，后代不同的字典引的字形体不一样，仍然是手书传抄的结果，书写的人不注意细节，所以抄写的形体不完全一样。后代编写楷书字典，以同一个字的不同的手书形体为字头，这些不同的字头就又成为异体字。

如果这个手书形体楷化产生的新的形体作为偏旁在别的汉字中使用，又会使异体字成倍增加。如《篇海》卷一三《虎部》收录以“乕”为偏旁的⿸乕示、⿸乕甘、⿸乕鳥、⿸乕差、⿸乕戔、⿰耳乕、⿸乕枼、⿰金乕、⿰扌乕、⿰阝乕等字。①

另一个重要的手书汉字楷化的因素就是碑刻。因为文字是刻写在石碑上的，不像毛笔书写汉字那么方便、自如，碑刻上的文字大多数都以楷书刻写。刻写石碑的人自然而然地就把自己熟悉的手书汉字形体刻写成为楷书形体，同样将在汉字手书的大背景下，人们并不认为这些手书产生的形体稍异的字体之间有什么不同的汉字形体，在楷书的大背景下刻成了形体笔画不同的异体字。如《碑别字新编》38 页收魏比丘僧智造象“弟”作苐，《敦煌俗字典》83 页录 P.2524《对语》：“兄弟”的“弟”作弟，苐显然是弟的楷化形体。《碑别字新编》39 页收汉置孔庙百石卒史碑“戒”作戒，《敦煌俗字典》198 页收录敦煌手书形体“戒”作戒，二者显然相同。《碑别字新编》43 页收魏高道悦墓志“私”作私，收隋董夫人卫美墓志作私，《敦煌俗字典》382 页“私”之 3、4 形体作私 3、私 4，这两个形体，在毛笔书写中是没有区别的。私 4 只是在按照私 3 的形体书写时，因为书写“厶”上的一撇时提笔晚了一些，本来没有区别。楷化之后，一个

① 转引自张涌泉《汉语俗字丛考 · 前言》，中华书局 2000 年版。

从“么”，一个从“幺”，形体区别就大了。

第三节　汉字书写的积极意义

汉字书写导致汉字体系变化为方块字体系，产生的异体字和假异体字，增加了人们识读的负担，导致汉字部首失去意义内涵，致使汉字结构趋向符号化，失去形体直接显示字的本义的功能。但是，汉字书写也有积极的一面。主要表现在下面两个方面。

一、汉字书写催生了书法艺术

人们在书写汉字时，对字体进行的各种改变，差的逐步淘汰，好的被传承下来，催生了一个非常有生气的艺术形式——书法艺术。写字不仅仅能够表达思想，传播知识，还能够带给人们艺术的享受。王羲之、苏东坡这些名家的作品自不待言，就是敦煌手抄文献，其中也有很多可以称为书法中的上品。这方面的知识为众所周知，此不赘言。

二、简化字有了深厚的群众基础

汉字书写往往只求形似，并不斤斤计较于细节。因此，书写汉字者常常会省去一些笔画，这样，就书写出了许多简体字。这些汉字形体在历史上不断传承，后来有很多都被吸收为简化字，成为我们今天规范的汉字形体。如“爲”的简化形体“为”，居延汉简中就有。见下图。

再如《敦煌俗字典》47 页“尘”有 1、 2、 3、 4、 5、 6、 7、 8 八种写法， 8 就是“尘”的源头。《敦煌俗字典》128 页“个”有 1、 2、 3 三种写法， 3 是“个”的源头。《敦煌俗字典》136 页“挂”有 1、 2、 3、 4 四种写法， 3、 4是“挂”的源头。其他如“号”（《敦煌俗字典》150 页）、“花”（《敦煌俗字典》160 页）、“礼”（《敦煌俗字典》239 页）、“怜”

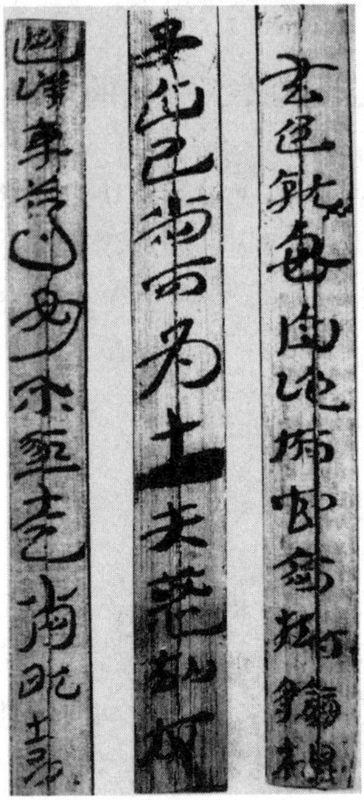

图十　居延汉简

(《敦煌俗字典》242 页怜 4.2、怜 5)、“乱”(《敦煌俗字典》259 页乱 9、乱 10),这些今天使用的简化字,在敦煌手书文献中都已经使用。

汉字手书创造的简体字,为推广简化字创造了非常好的群众基础。

第四章　手书汉字形体变化研究的学术意义与存在的不足

第一节　汉字学研究的三大任务

汉字学研究有三大任务：(一) 研究汉字形体如何表意，陆忠发在《汉字学的新方向》和《当代汉字学》中论述已详，此不赘述。(二) 研究汉字书写产生的形体变化，这是本丛书着力完成的目标。(三) 研究汉字形体与意义关系。这个研究宜从汉字最早形体如何表意开始，通过追寻字义发展与形体分化之间的关系，把现在的字与字之间的关系说清楚，今姑举数例以明之。

《说文》："羞，进献也。从羊，羊所进也；从丑，丑亦声。"羞，甲骨文作，从"又(手)"持"羊"，睡虎地秦简作，从羊从丑，可能是形误，但是，这个形体成为今字"羞"的源头，为《说文》所本。

"羞"的本义是什么？《说文》释为"进献"，文献中常常表示"美味"。《周礼·天官·膳夫》："掌王之食饮膳羞。"郑玄注："羞，有滋味者。"

从造字方面考虑，甲骨文作，从"又(手)"持"羊"，"羊"在这里表示羊肉，"又(手)"表示一个人用手在做什么。字形上表示一个人拿着羊肉在吃，造字用人吃羊肉时的感受表达"美味"的概念。这种表达概念的方法是汉字造字常用的方法之一。如甲骨文字，从大矢，字的形体是一支箭向一个人射来，而字的意义表达的是"急速"的概念。① 生活中人们都能感受到，当一支箭向人射过来的时

① 陆忠发《汉字学的新方向》169—171 页，浙江大学出版社 2009 年版。

候,其速度之快,简直让人来不及避让。[①]

重,甲骨文作,井侯簋作,从人、从、从,是囊橐,字形是一个人背负一个囊橐,甲骨文形体添加为提示符号,提示这个人在吃力地行走。人吃力地背负囊橐行走时必然感受到囊橐很重。因此造字就用人负橐时的感受表达“沉重”的概念。

寒,金文作,《说文·宀部》:“寒,冻也。从人在宀下,以茻荐覆之,下有仌。”段注:“冻当作冷。十一篇曰:冻,仌也。冷,寒也。此可证矣。合一宀,一人,二艹,一仌,会意。”“寒”表达的概念是“寒冷”。字从宀表示房屋,茻是草,从人,表示人在室内拥草而卧。仌是提示符号,提示环境,表示屋外已经结冰。[②] 也是提示符号,提示脚的感受。人冬天睡觉的时候,如果感觉冷的话,脚的感觉最明显。因此,造字就用冬天睡觉时脚的感受表达“寒冷”的概念。

商代,羊是祭祀常用的牺牲,使用量非常大。祭祀用羊,动辄上百头:

《合集》15521:“贞,肇丁,用百羊、百犬、百豚。十月。”

而甲骨卜辞中却没有“获羊”的记载,说明羊是家养的。商代中原气候温暖湿润,[③]水草丰茂,养羊有非常好的条件,可以大量养殖羊。羊肉很可能是当时人们主要的肉食来源。人们常常吃羊肉,用“吃羊肉”的感受表达“美味”的概念,是很自然的事情。

从词义引申的角度考虑,“羞”的本义是“美味”,则文献中使用的意义可以得到很合理的解释。

---

① 现代射箭运动射出去的箭速度达到240公里/小时,比子弹头列车还要快。古代的箭速度恐怕也不会慢太多,如果箭是从弩中射出的,其速度有可能会更快。

② 古文字上下结构往往表示前后位置关系,所以这里的仌应该理解为室外结冰,有人在说解这个字时说是冬天了屋子还漏水(王贵民《汉字与文化》),这样理解是不对的。

③ 根据竺可桢先生的研究,“近五千年期间,可以说仰韶和殷墟时代是中国的温和气候时代”,(竺可桢《中国近五千年来气候变迁的初步研究》,《考古学报》1972年第1期。)胡厚宣先生推测三千年前,黄河流域同今日长江流域一样温暖潮湿(胡厚宣《气候变迁与殷代气候之检讨》,《中国文化研究汇刊》四卷上册,1944年)。

"羞"在甲骨卜辞中用作动词,表示"进献美味"的意思:

《合集》30768:"丁巳卜……祀,其羞,王受佑。"

这一条卜辞"祀"前面的一个字很可能是"弗"或者"勿",所以这条卜辞可能是"丁巳卜……勿祀,其羞,王受佑",因为"祀"是指刚刚生下来的活着的孩子作为牺牲献给神的一种祭祀,[①]武丁以后,常常不举行"祀"这种祭祀而改用别的方法献神灵牺牲。如:

《屯》4325:"弗祀,用羌。"

《合集》30768这一条卜辞的"羞"应该是名词"美味"义当作动词使用,是"进献美味"的意思,这种现象是古代汉语中常见的"词类活用"现象。如果"羞"是"进献"的意思,后面应该有具体的牺牲名称。

古人祭祀时总是要把自己认为最好吃的东西献给神灵,因此,"羞"由"美味"引申为"进献"。《书·盘庚下》:"今我既羞,告尔于朕志。"蔡沈集传:"羞,进也。"《仪礼·公食大夫礼》:"士羞庶羞皆有大。"郑玄注:"羞,进也。"

美味是烹煮出来的,所以"羞"由"美味"引申为"烹煮"。"羞"在金文辞中常常表示"烹煮"的意思。如:

3.547:"仲姞作羞鬲。"

4.2522:"武甥捏作其羞鼎。"

金文辞中,器物名称前面常常有"荐""媵""行""奠""旅"等修饰语,皆说明器物的用途。鬲是煮肉的器物,鼎也可以用来煮肉,所以"鬲"前面的修饰语"羞"肯定是"烹煮"的意思。

由"烹煮"引申为"熟食"。《方言》卷十二:"羞,熟也。"郭璞注:"熟食为羞。"再引申指"食物"。《周礼·天官·大宰》:"羞服之式。"郑玄注:"羞,饮食之物也。"《文选·束皙〈补亡诗〉》:"洁尔晨羞。"吕向注:"羞,食也。"

美味可以养人,故"羞"由"美味"又引申为"养育"。《书·盘庚中》:"予先克羞尔。"蔡沈集传:"羞,养也。"

---

① 陆忠发《古代祭祀十讲》193页,华文出版社2011年版。

以上“羞”的引申义引申线索非常清楚，证明“羞”的本义确实是“美味”。如果认定“羞”的本义是“进献”，就很不好解释其所以引申的原因了。

“羞”后来假借表示“耻辱”，于是形体进行了分化。“耻辱”意义用“羞”表示，“美味”及相关的引申义用添加“食”作为形旁的形声字“馐”表示。

“圣”在甲骨文和《说文解字》中都有，是“垒砌”的意思，意义都与“圣人”的“聖”毫无关联。如果细致研究，我们发现“圣”的意义被“垒”兼并，“圣”又替代了“聖”。

《说文》：“厽，累土坺为墙壁。”按：厽从三Δ，Δ即土，如甲骨文“圣”作，Δ即土，字象两手累砌土块之状，本义是“累砌”。[①] 累砌的动作概念，古文字用“圣”表示，[②]累砌出来的墙壁用“厽”表示。“厽”正象土一层层垒砌起来的样子，所以其本义是“墙壁”。

做墙壁的材料一般都是土，所以“厽”又增“土”为“垒”，“垒”与“厽”是古今字。这种现象，文字学上非常多见，人们把这种现象叫“增累字”。

“垒(墙壁)”是用建筑材料垒砌出来的，所以，“垒”又引申有“垒砌”之义。《墨子·备穴》：“先垒窯壁，迎穴为连。”这个“垒”就是“累砌”。这种引申，叫因果关系引申，在词义引申中是最常见的引申方式。

这样，语言中“垒”和“圣”就都有“垒砌”之义了。于是，古籍中选择用“垒”表示“垒砌”之义。“圣”的“垒砌”之义目前只保留在甲骨卜辞中，传世文献中早已不再使用了。

---

① 甲骨学界对“圣”字的考释分歧很大，陆忠发《圣田考》(《农业考古》1996年第3期)考“圣”之本义为“累砌”，这个意义可以解释所有涉及“圣”字的商代文献，所以只有这个考释结论是正确的。

② “圣人”的“圣”，古籍中作“聖”。

甲骨文有、、三字，从(高)，表示城楼，从、、表示草莽。整个字象城楼被杂草遮蔽之状。王襄认为是“古‘槀’字”。《说文》：“槀，木枯也。从木，高声。”孙海波《甲骨文编》、金祥恒《续甲骨文编》均收于“蒿”下，姚孝遂曰：“甲骨文从茻与从艸无别，此即‘蒿’字，均用作地名。”[①]按：字隶作“蒿”可从，字在卜辞中作动词，不是地名。

《合集》29375：“……酉卜，王曰：贞：其蒿田。”

《合集》38152：“……其蒿……雨，不雨。”

“其”后面的词是动词，所以“蒿”必定是动词。认为是地名，是错误的。城楼是人们出城入城必经之地，城楼被杂草遮蔽，人必然要除去之。此用事物表达人面对这个事物的必然动作，与“杀”表意方法相同。[②] 字表达的概念应该是“除草”的概念。“蒿田”谓除去田中杂草。

在从生的杂草中，蒿草往往是最醒目的，因为它比较高大。所以，“蒿”引申表示“蒿草”。为了分化“蒿”承担的意义，“蒿”专表示“蒿草”，“除草”的概念后来造形声字“薅”表示。《说文》：“薅，拔去田草也。从蓐(农)好省声。”

农，甲骨文形体从又持辰把土翻过来除草(这样可以除草又可以肥田)，与篆文“蓐”形体相同。《说文》：“蓐，陈艸复生也。从艸辱声。”农、蓐本一字。“农”是翻土，为什么要翻土呢？因为陈艸复生。所以，“农”引申表示“陈艸复生”。为了分化，“农”添加“田”为提示符号，提示翻土的对象(为田翻土)，作(农篆)。“蓐”仍然使用原来的形体。

这项研究，我们将以《说文》为载体，系统研究《说文》收录汉字的形义关系，为读者提供一部可以读得懂的《说文解字》。

---

① 以上材料引自于省吾《甲骨文字诂林》1977—1978页，中华书局1996年版。

② 参见陆忠发《当代汉字学》222页，上海教育出版社2014年版。

第二节 手书汉字形体变化研究的意义与不足

汉字学研究的第三大任务是研究汉字书写产生的形体变化。这个研究对汉字学本身的意义已见上文。此外,研究汉字手书产生的变化,对古文字学研究和古籍校勘研究同样有重要意义。分述如下。

一、释读未释文字的基础

研究古文字的学者都熟悉偏旁分析法,这是考释古文字常用的方法之一。运用偏旁分析法考释古文字,最理想的前提是熟悉古文字的偏旁部件的各种变化形体(或者说变体)以及偏旁部件的混同或者通用的基本情况。事实上,古文字学界一直十分注重总结古文字的偏旁部件的各种变化形体和偏旁部件的混同或者通用情况,如于省吾先生《甲骨文字释林》总结了古文字形、义方面的若干规律:

1. 古文早期之人形,从止(趾)与否本来无别。
2. 古文从止从彳从辶均表示行动之义,每互作。
3. 古文字从止从彳从辵之字每互作。
4. 古文字从爪与从又一也。
5. 古文字从攴与从又有时通用。
6. 从冖与从宀本来有别,而有时混用不分。
7. 古文字中笔画之单双每无别。
8. 早期古文字的偏旁,艸木无别,单复也无别。
9. 古文字从茻与艸无别。
10. 古文字从幺的字也作糸。
11. 舟凡皿三字,早期古文字每互作。
12. 从凡与从巳之字往往通用。
13. 升斗二字在古文偏旁中往往互作无别。

14. 䀠和从䀠之自字多含有惊恐之义。

15. 古文偏旁中从戈从弋间有互作者。

16. 说文在偏旁中往往讹从口为从曰。

17. 甲骨文偏旁的位置，在内与在外往往无别。

18. 从实点与从虚廓一也。

19. 甲骨文动词当作名词用的习见。

高明先生《中国古文字学通论》①提出 30 余组“义近形旁通用例”：

大—人　　人—女　　儿—女　　首—页　　目—见

口—言　　心—言　　音—言　　肉—骨　　身—骨

止—足　　止—辵　　辵—彳　　走—辵　　攴—戈

鸟—隹　　羽—飞　　虫—黾　　艸—茻　　禾—米

米—食　　衣—巾　　糸—索—素　　系—[illegible]　　乃—广

土—田　　土—阜　　谷—阜　　山—阜　　水—雨

木—片　　牙—齿　　日—月　　火—光

牛羊马鹿犬诸兽旁。

王慎行先生《古文字与殷周文明》②总结“古文字义近偏旁通用例”22 组：

天—大—人　　人—卩　　女—卩　　女—母

又—𦥑—彐　　又—寸　　又—手—支　　攴—殳

𦥑—臼　　行—彳　　止—彳　　口—欠

口—甘　　言—欠　　皀—食　　水—雨

屮—木　　韦—革　　幺—糸　　宀—穴

虫—䖵—蟲　　艸—竹。

总结“古文形近偏旁混用例”18 组：

人—刀　　大—矢　　贝—鼎　　目—贝　　虫—竹

---

① 高明《中国古文字学通论》65—145 页，北京大学出版社 1987 年版。

② 王慎行《古文字与殷周文明》1—66 页，陕西人民教育出版社 1992 年版。

皿—血　　止—屮　　山—火　　口—日　　口—凵

肉—口　　肉—夕　　肉—月　　月—夕　　舟—月

舟—凡　　木—禾　　辛—辛—𦍌等。

偏旁分析法不仅仅是考释古文字的常用方法，考释楷书背景下的古籍文字，同样可以使用偏旁分析法。如张涌泉先生在《试论审辨敦煌写本俗字的方法》[1]一文中首先推荐的就是偏旁分析法。张先生认为偏旁分析法是祖先留给我们研究汉字的一笔宝贵财富。在文中张先生指出“汉字属于表意文字体系，其中由两个或两个以上的偏旁组成的合体字占了绝大多数。根据这一特点，运用偏旁分析的方法，因形求义，是我们的祖先使用已久的有效方法”，张先生提出宋代学者就已经开始使用偏旁分析法了：“宋吴曾《辨误录》卷下引宋景文公云：‘凡义有未通者，当以偏旁考之。’即是指偏旁分析法而言。”面对一个不认识的俗字，我们可以试着将其分析成若干个偏旁部件，先辨认其偏旁部件，随后认识由偏旁部件组合成的字就比较容易了。

曾良先生在《俗字及古籍文字通例研究》[2]一书的第十一章谈到运用偏旁类推的方法来考释古籍俗字，指出“偏旁类推”就是“参考类似的偏旁会俗写作什么形状，藉以解读此俗字”。可见，把握“偏旁会写作什么形状”对于释读手抄古籍中的疑难文字是极为重要的。

我们在释读古籍中的疑难文字时，如何知道组成这个字的偏旁部件是什么样的偏旁部件呢？这时候我们就需要把握汉字的每一个偏旁部件通常有哪些写法(即有哪些变体)，在熟悉汉字偏旁部件的各种变体的基础上去辨析我们所要考辨的这个字的偏旁部件，就比较容易确定这个待考辨的字的偏旁部件是哪些偏旁部件了。可见我们全面总结汉字偏旁部件的各种变体和偏旁部件相通、相混的

---

① 张涌泉《试论审辨敦煌写本俗字的方法》，《敦煌研究》1994年第4期。

② 曾良《俗字及古籍文字通例研究》272—273页，百花洲文艺出版社2006年版。

规律，是释读未释文字的基础。

二、校勘古籍错字的法宝

熟悉手书汉字形体变化，是校勘古籍错字的法宝。陆忠发最得意的古籍校勘就得益于对汉字书写变化的把握：

《尉缭子·兵谈》："治兵者，若秘于地，若邃于天，生于无。故关之，大不窕，小不恢。"此句"关"字，或作"开"，自宋抄本以来各本无不尽然。如：

明·刘寅《武经七书直解》作："故关之，大不窕，小不恢。"

清·朱墉《武经七书汇解》校作"开之"。"开谓开其生养之道。"①

华陆综《尉缭子注解》谓当作"开"，开者，开启，开行。句谓"治理军队，要像隐藏于大地之下那么秘密，要存于无形之中，所以实行它（寓兵于农），军队组织隐藏于生产组织中，大的方面不暴露破绽，小的方面不显露痕迹"。②

《中国军事史》编写组《武经七书注释》亦校作"开"，谓"善于治兵的人（实行寓兵于农）就像大地那样深藏不露，就像天空那么深邃莫测，表面无形无影，却蕴藏着巨大的力量，作战时，大规模用兵不会感到兵力不足，小规模用兵也不会感到兵力过多"。③

也有人根据银雀山简本《尉缭子》残简认为，原文作"开之"不误，下文当补"关之"。

钟兆华《尉缭子校注》曰：除宋本、《施氏》本外，诸本均作"故开之"。本句应当是两个对举的分句构成的，宋本有脱漏和遗误，据竹简"……大而不咷（窕），关之，细而不欬"，可知其句式当为"开之，大而不窕，关之，小而不恢。"类似句子，古籍中不难找见。《大戴礼

---

① 此二书见《中国兵书集成》。

② 中华书局1979年版。

③ 解放军出版社1986年版。

记·主言》:“士者布诸天下而不窕,内诸寻常之室而不塞。”《淮南子·兵略训》:“入小而不偪,处大而不窕。”《荀子·赋篇》:“充盈大而不窕,入郄穴而不偪。”段玉裁《说文解字注》说:“凡此皆可证‘窕’之训宽肆。凡言在小不塞,在大不窕者,谓置之小处,而小处不见充塞无余地,置之大处而大处不见空旷多余地。”可见本句宋本删动,上句误“开”为“关”,而下句脱“关之”,诸本则下句脱“关之”。[①]

李解民《尉缭子译注》说同。谓:“治兵之道,犹如大地秘藏不露,犹如天高深莫测,产生于无形之中,所以敞开的话,再巨大的东西也不会放浪不羁,关闭的话,再细小的东西也不会局促窘迫。”[②]

而徐勇《尉缭子浅说》则曰:“治理军队的人要像隐藏在地下一样神秘,要像处于高空上一样深邃,用兵没有固定形式,一旦展开,置于大的地方不会显得过于空旷;一旦聚集,处于小的所在也不会显得过于充塞。”[③]

朱墉解“开”为“开其生养之道”,其义与上下文均不协,故非是。华陆综谓开为“实行”之义于训所无据,亦不可信。《中国军事史》编写组《武经七书注释》译“开”为作战,大概是依据86955部队理论组、上海师范学院古籍整理研究室《尉缭子注释》所注“开”为举兵,[④]然释“开”为“举兵”,亦于训诂无据。遍览《武经七书》,除《尉缭子·兵谈》一处不计外,凡言举兵,或谓“发兵”,或谓“出兵”,或谓“引军”,绝无言“开军”或“开兵”者,可见诸说均难成立。

至于或谓原句当作“故开之,大而不窕,关之,小而不恢”。这种相对为文的句式在古籍中确实多见,所以这种说法似能成立。但其释义却难以服人,什么叫“军队敞开”?什么叫“军队关闭”?什么又叫“军队展开”?真的让人感到不知所云。这样的论断又怎么能让

---

① 钟兆华《尉缭子校注》,中州书画社1986年版。

② 李解民《尉缭子译注》,河北人民出版社1992年版。

③ 徐勇《尉缭子浅说》,解放军出版社1986年版。

④ 86955部队理论组,上海师范学院古籍整理研究室《尉缭子注释》,上海古籍出版社1978年版。

我们相信它是正确的呢？“军队聚集”倒是意义明确，但军队聚集之后，即使“处于小的所在也不会显得过于充塞”。这话又等于没说，当今之军营，在一个小的营地里，驻扎着成千上万的官兵，他们并没有什么充塞之惑。所以，断定《尉缭子》原文当为“开关”“关之”相对举为文，是错的。

银雀山汉墓简本《尉缭子》本身也有很多错误，如银雀山汉墓简本《尉缭子》二：“囚险者毋（无）战心”，银雀山汉墓竹简整理小组注：“囚险，似是陷于不利地形之义。”《武经七书注释》于《尉缭子·攻权》下注引竹简文，谓：“也就是说：困守于险要地形中的人没有决战的意图。”

按：囚当为“因”字之误。凡兵，凭借险要地形而为守者，以为牢不可破，故士卒无决战之心。若囚困于险要之地，则必死斗而求生。《孙子·九地》：“围地则谋，死地则战。”此兵之常理。今传宋本《武经七书·尉缭子·攻权》作“分险者，无战心”。“分险”乃凭借险要地形之义，《六韬·豹韬·分险》：“引兵深入诸侯之地，与敌相遇于险扼之中，吾左山而右水，敌右山而左水，与我分险相拒，各欲以守则固，以战则胜。”“分险者，无战心”，其义与“因险者毋（无）战心”正同。

所以，据银雀山简本《尉缭子》来校订今本是不大保险的。因此我们可推想，真正的《尉缭子》原文，所谓的“关之”或“开之”当在“大而不窕”句前，故后世的传本除银雀山汉墓竹简外，均如是作。

当然，《尉缭子》原文中的所谓“关”或“开”当是个错字，我们断定其原文当作“斗”，这是我们熟悉“斗”字形体书写变化得出的结论：

“斗”本是量器，被假借表示打斗的“斗”。甲骨文打斗的“斗”作，楷书书写作鬥，因为鬥没有表示声音的部件，所以人们又假借“鬭”表示打斗的“斗”。

毛笔书写汉字往往只求形似，所以人们往往把“鬥”旁写成的“門”旁；又因为“鬭”这个字里面太难写，人们就把“鬭”写成。这

是打斗的“斗”的形体变化过程。

开关的“关”本作閞(陈猷釜),本义是附着在门上、有孔供插入门闩的两根相对的木头条段。① 一般关门都会使用门闩,用门闩闩门有两种方式。我们都熟悉现代的门闩,现代门闩是横着插入两扇门上各自附着的一根供闩上门闩用的木头条段的相对的孔中的。古代也有这样的关门方式。这是第一种方式。古代的门闩还有第二种方式,就是两扇门上各自附着一根木头条段,木头条段做成乚形附着在门上,这样,木头条段和门之间的上部就留下了空缺的位置,这个空缺的地方就是用来放入门闩的。把门闩放入这个空缺的位置,门就关上了。

用第二种方式关门,门虽然是从里面关上了,但是门闩其实是活动的。我们知道,两扇门闭合的时候,不可能没有一点点缝隙,只要有缝隙,就可以利用薄薄的工具从门外把门闩移除掉,从而打开关闭的门。为了防止不怀好意的人这样从外面打开门,人们在放入门闩之后,还要用绳子把门闩的两头分别捆绑在木头条段上,这样门就打不开了。这就是“关”的小篆形体作關的原因。關在閞的基础上添加“丝”为提示符号,提示用绳索把两扇门上各自附着的一根木头条段和门闩捆在一起。这个形体就是现在的繁体字“關”的源头。

“關”演变成“関”,则是书写的缘故。“關”在敦煌文献中书写的形体,有1 閞、2 閞、3 関、4 閞、5.1 闗、5.2 闗、6 関、7 関、8 関等几种写法,②我们可以推断其变化过程大致是:小篆關,楷书把两根相对的木头条段和指示提示“·”连在一起书写,故字作闗 5.1,敦煌S.388《正名要录》:“右正行者揩(楷),脚注稍讹。”稍讹者作闗 5.2,类似从“门”从“弁”,故有作閞 4 者。又进一步,“弁”所从的“厶”的下横与“廾”连写作“开”,“八”又讹作“丷”,这样,“门”内所从的类

① 陆忠发《王力〈古代汉语〉注释疑难考证》第八十六条,浙江大学出版社 2019 年。

② 黄征《敦煌俗字典》137 页,上海教育出版社 2005 年版。

似"弁"的部件就讹为并,再进一步讹作关(関 8)。这样,"關"的形体就由關演变成了"関"。

"關"草书也作關,这个形体与"闢"之草书作闢者几乎一样,很容易相讹。

开门的"开"小篆作開。《说文》:"開,张也。从门从幵。𨵒,古文開。""開"不见于甲骨文和金文,有古文形体作𨵒,睡虎地秦简作開,估计是战国时期人们为"开门"概念造的俗字。所谓俗字,就是用形象、直观、易懂的形体来表达意义的字。[①] 但是,从门从幵,反而不明白为什么就能够形象、直观地表达"开门"的概念了,其原因是幵是什么?我们不清楚。

其实,幵是形体讹变的结果,杨树达先生《积微居小学述林》曰:"古文从一从𠬞。一者,象门关之形……从𠬞者,以两手取去门关,故为开也。小篆变古文之形,许君遂误以为从'开'尔。"这个讹变导致"開"如何表意不清楚。幸好《说文》引古文作𨵒,𨵒显然是用双手打开门闩表示"开门"的概念。古玺有作𨵒的形体,也是用双手打开门闩之形体。后来小篆把双手形体变化为廾,门闩也被割裂开来,就成了幵,《说文》小篆作開,绎山碑作開,都从幵。所以许慎《说文解字》分析"開"的形体为"从门从幵"。

门闩本不该割裂开来,所以出土文献显示,隶书书写"開"的形体均不从幵,如马王堆汉墓出土帛书《老子乙本卷前古佚书》作開,白石神君碑作開,均从"门"从"开"。

"開"形体很像形声字,其实是会意字。

开着的门,插入门闩就关起来了。所以,表示"关闭门户"的"关",人们又造俗字"閞"表示,[②]閞显然是在"開"的基础上加"一"表示门闩,这样,就形象、直观地表达了"关门"的概念,也很易懂。

把握了上面这些汉字形体变化之后,我们可以得出下面结论:

---

① 陆忠发《当代汉字学》50 页,上海教育出版社 2014 年版。

② 见秦公《碑别字新编》,文物出版社 1987 年版。

《尉缭子》原文中的所谓“关”或“开”本作，转写为“鬥”，再转写为“鬭”，又草书为“”；“”被误书为“”，这样《尉缭子》中的“斗”遂错为“闃”。“闃”又被转写为“”，有的抄本又把“”误书为“閞”。这样一来，在传世的《尉缭子》中，或作“关”或作“开”，已经无人知道本作了。

斗，战斗也。《尉缭子·制谈》：“金鼓所指，则百人尽斗。”《孙子·兵势》：“斗众如斗寡，形名是也。”《孙子·九地》：“兵士甚陷则不惧，无所往则固，深入则拘，不得已则斗。”《吴子·料敌》：“秦性强，其地险，其政严，其赏罚信，其人不让，皆有斗心，故散而自战。”《吴子·应变》：“战胜勿追，不胜疾走，如是佯北，安行疾斗，一结其前，一绝其后，两军衔枚，或左或右，而袭其处。”《六韬·虎韬·必出》：“勇斗则生，不勇则死。”《司马法·定爵》：“凡战，智也；斗，勇也。”

诸兵书中的“斗”均战斗之义。《尉缭子·兵谈》中的这段文字谓善治兵者(要寓兵于农)，就像深藏于大地之下，隐匿于天空之中一样不露踪迹，强大的战斗力就存在于无形之中。故使军队投入战斗时，大规模作战不感到兵力不足，小规模作战不显得兵力过剩。

古籍中的异文，有错字、异体字、古今字、假借字、同源字、通用字、同义词替换、夺衍文字、文字倒乙和同意换言十种情况。[①] 古籍中的错字，无非形误和音误两种，以形误居多。形之所以误，往往是古籍传抄过程中对偏旁部件误认误抄的结果。要把错字还原为正确的字，就需要知道这个错字的偏旁部件有可能是哪些偏旁部件误抄的结果。熟悉汉字偏旁部件的各种变体以及偏旁部件混同情况就是我们正确判断偏旁部件误抄的法宝。

如《世说新语·品藻》：“会稽虞騑，元皇时与桓宣武同侠，其人有才理胜望。”“同侠”义不可解，学者多疑“侠”字有误。有人认为“侠”乃“僚”字之误，有人认为是“使”字之误，有人认为是“侪”字之

① 陆忠发《现代训诂学探论》，浙江大学出版社2008年版。

讹,迄无定论。杨琳先生受到行书及草书中三点水与单人旁常常混同的启发,认为"侠"当是"浃"字之讹。"浃"有"融洽"之义。《说文新附》:"浃,洽也。""同浃"义为"和洽、融洽",跟"同洽"是一个意思。《晋书·虞潭传附兄子騑》记载:"(騑)与谯国桓彝俱为吏部郎,情好甚笃。彝遣温拜騑,騑使子谷拜彝。"桓彝即桓宣武(桓温)之父,《世说》之"同浃"与《晋书》"情好甚笃"义正相应。[①]

偏旁部件的通用是产生异体字的方式之一。熟悉偏旁部件的通用情况对古籍校勘同样非常有意义。

因此,从事古籍校勘研究的学者都非常注意总结汉字偏旁部件相混、通用的情况,如潘重规先生总结敦煌写本中汉字偏旁部件"人入不分""雨两不分""瓦凡不分"等 21 种常见写法。[②] 蔡忠霖先生《敦煌汉文写卷俗字及其现象》[③]一书,将敦煌俗字书写、混用的情形整理出 150 余条书写规律。曾良先生《俗字及古籍文字通例研究》[④]中总结了古籍中汉字偏旁部件相通相混之例 80 例。这些总结对古籍校勘研究都是十分有意义的事情。

不过,上面所述,都是学者们在自己的学术研究中比较注重总结汉字偏旁部件相通相混之例,还不是对一定数量汉字做的全面研究,过去的研究总结还不能反映出汉字偏旁部件书写变化的全部情况和偏旁部件相通相混的全部情况,难以满足学术研究的需要。因此我们迫切需要对不同阶段的古文字和隶书楷书的书写变化做全面的分析研究,以全面反映古文字和隶楷文字偏旁部件书写变化的全部情况和偏旁部件相通相混的全部情况,以满足学术研究的需要。

对具体研究来说,古代某个偏旁部件有哪些变体,现代的某个

---

① 杨琳《文献字形讹误的判定原则》,《中国典籍与文化》,2009 年第 3 期(总第 68 期)。

② 蔡忠霖《论潘重规先生对敦煌俗字研究之贡献》,《敦煌学》,2004 年第 25 辑。

③ 蔡忠霖《敦煌汉文写卷俗字及其现象》,文津出版社 2002 年版。

④ 曾良《俗字及古籍文字通例研究》,百花洲文艺出版社 2006 年版。

偏旁部件在古代有哪些来源,此二者均所需要,故均可总结。因此,为研究的方便,有时候可以按照古代某个偏旁部件有哪些变体来总结,有时候可以按照现代的某个偏旁部件在古代有哪些来源来总结。

下编　敦煌写本汉字形体变化研究

敦煌写本文献使用的汉字形体属于楷书形体范畴，敦煌写本是人们按照楷书形体书写抄录而成的。书写抄录的人员很多，导致敦煌文献中相同的汉字在形体上变化多样，这些形体上变化多样的汉字形体，过去从事敦煌文献研究的学者们喜欢称之为“俗字”。实则“俗字”的“俗”取“流行”“通俗”为义，[①]敦煌文献中的这些汉字形体很难说就是俗字，因为我们无法统计它们是不是流行，绝大多数汉字形体都是古代的形体演变的结果，我们也看不出它们表意通俗在哪里。更何况许多汉字形体是文献中相沿不变的形体，如“安”在敦煌文献中的形体有：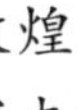1、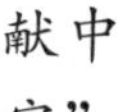2、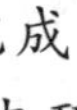3、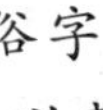4、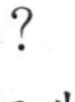5、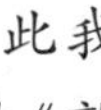6、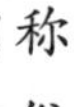7、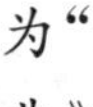8、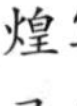9、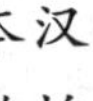10。1、2、3、4显然是按照同一结构去书写的上“宀”、下“女”的结构，这也是文献中共同的写法，为何这些字在过去、在别的文献中不是俗字，到了敦煌文献中就成了俗字呢？因此我们称之为“敦煌写本汉字”。本研究以黄征先生《敦煌俗字典》收录的敦煌写本汉字形体为分析对象。

① 陆忠发《当代汉字学》50—52页，上海教育出版社2014年版。

第一章　敦煌写本汉字偏旁部件变体

我们以《敦煌俗字典》(上海教育出版社 2005 年版)里收录的敦煌写本汉字为研究对象,总结汉字基本偏旁部件在敦煌写本里的各种不同变体。本章总结敦煌写本汉字偏旁部件变体。同一个偏旁部件在敦煌写本汉字中往往有多种不同写法,我们以 1、2、3……分别罗列出来;某偏旁部件写作某,后面都以《敦煌俗字典》中收录的汉字形体为证,《敦煌俗字典》中收录的汉字形体后面的 1、2、3……序号表示的是该字在《敦煌俗字典》中的形体序号;括号内的页码是这个汉字收录在《敦煌俗字典》中的页码。

一、“一”:

1. 写作“丶” 竹 1(竹 P563)

2. 写作“亠” 逼 1(逼 P15)——逼 2(逼 P15)——逼 4(逼 P15)

3. 写作“丷” 春 1(春 P55);看 3(看 P219);袴 1(袴 P226);虧 1(虧 P228)——虧 3(虧 P228)——虧 5(虧 P228);美 7(美 P270)——美 8(美 P270)

4. 写作“工” 但 4(但 P76)——但 3(但 P76)——但 5(但 P76)

二、“丷”:

1. 写作“一” 黯(黯 P5);燈 2(燈 P79);豐 1(豐 P80);揀 1(揀 P187)——揀 2(揀 P187);鎧 1(铠 P218);儈 1(儈 P226);噲 1(噲 P226)

2. 写作“八” 并 1(并 P28);位 1(位 P424);祥 1(祥 P450);幸 2(幸 P459)

三、“勹”：

写作“冖”　包 1(包 P11)；苞 1(苞 P11)；抱 1(抱 P12)

四、“冖”：

1. 写作“一”　爱 2(愛 P2)——爱 4(愛 P2)；謗 1(謗 P11)；當 1(當 P76)——當 2(當 P76)；掌 1(掌 P542)

2. 写作“勹”　深 8(深 P359)——深 12(深 P359)——深 11(深 P359)；演 2(演 P478)——演 3(演 P478)

3. 写作“乛”　爱 5(愛 P2)；臺 1(薹 P396)

4. 写作“丷”　深 1(深 P359)——深 14(深 P359)；探 2(探 P398)

5. 写作“丷”　壹 1(壹 P490)——壹 2(壹 P490)

6. 写作“穴”　冥 4(冥 P278)——冥 5(冥 P278)；瞑 1(瞑 P278)

五、“亻”：

1. 写作“彳”　倍 1(倍 P14)；便 3(便 P23)；倒 1(倒 P78)；俱(俱 P211)；傍 1(傍 P300)；侍 1(侍 P370)；儀 2(儀 P491)——儀 3(儀 P491)

2. 写作“丨”　住 2(住 P564)

3. 写作“人”　仙 4(仙 P446)——仙 5(仙 P446)

4. 写作“氵”　俩(俩 P244)；條 5(條 P404)

5. 写作“厂”　何 1(何 P150)

六、“⺈”：

写作“丷”　纔 1(纔 P33)——纔 3(纔 P33)——纔 2(纔 P33)——纔 4(纔 P33)；脆 1(脆 P70)——脆 2(脆 P70)——脆 3(脆 P70)；危 2(危 P420)；魚 3(鱼 P513)——魚 4(鱼 P513)；漁 2(渔 P514)——漁 3(渔 P514)，魚 7(鱼 P513)；冤 1(冤 P520)

七、“刀”：

1. 写作“刃”　喫 1(喫 P52)；喫 2(喫 P52)；喫 3(喫 P52)；劍 2(劍 P188)——劍 3(劍 P188)——劍 4(劍 P188)；潔 2(潔

P196)——潔 3(潔 P196)；契 5(契 P317)——契 6(契 P317)

2. 写作“丷”　超 1(超 P44)——超 2(超 P44)；沼 1(沼 P544)

3. 写作“口”　召 1(召 P544)；照 2(照 P544)

4. 写作“力”　初 5(初 P58)；㓞 1(㓞 P317)——㓞 2(㓞 P317)

5. 写作“厶”　分 6(分 P110)——分 7(分 P110)；汾(汾 P111)；棼(棼 P111)

6. 写作“丿”　絶 3(绝 P215)

7. 写作“勹”　絶 1(绝 P214)——絶 2(绝 P214)；紹 1(紹 P355)；韶 1(韶 P355)——韶 2(韶 P355)；迢 1(迢 P404)；召 2(召 P544)

8. 写作“寸”　倒 2(倒 78)；罰 1(罰 P104)

八、“力”：

1. 写作“勿”　劣 1(劣 P246)；男 1(男 P284)

2. 写作“刅”　男 2(男 P284)

3. 写作“力”　男 3(男 P284)

4. 写作“刀”　劫 4(劫 P196)；勘 1(勘 P218)；脇 1(脇 P455)——脇 2(脇 P455)——脇 3(脇 P455)；協 2(協 P455)；恸 1(恸 P486)；幼 1(幼 P512)——幼 2(幼 P512)

5. 写作“刃”　劫 1(劫 P196)——劫 2(劫 P196)——劫 3(劫 P196)

九、“几”：

1. 写作“凡”　机 1(机 P172)——机 2(机 P172)；飢 1(飢 P172)——飢 2(飢 P173)——飢 3(飢 P173)；肌(肌 P173)

2. 写作“凢”　飢 4(飢 P173)

3. 写作“丸”　飢 5(飢 P173)

4. 写作“力”　梟 2(梟 P115)

一〇、“八”：

1. 写作“几”　穴 4(穴 P468)——穴 5(穴 P468)宄

2. 写作“丷” 𥦗1(窠 P221)

一一、“彡”：

1. 写作“氵” 𣲜3(彩 P34)；湏1(须 P462)——湏2(须 P462)——湏3(须 P462)

2. 写作“〃” 𩭤2(髦 P267)

3. 写作“⺀” 脩2(修 P461)——滫3(修 P461)

4. 写作“亻” 𠃌4(须 P462)

一二、“扌”：

1. 写作“禾” 秡7(拔 P7)；秄4(打 P73)

2. 写作“木” 棒1(棒 P11)；枹1(抱 P12)——枹2(抱 P12)

3. 写作“氵” 溺4(搦 P56)

4. 写作“丬” 状1(扶 P115)——状2(扶 P116)；𤡬2(撫 P118)；将2(捋 P260)

5. 写作“牜” 堤2(提 P401)

一三、“土”：

1. 写作“扌” 拆3(坼 P46)

2. 写作“火” 炘1(坼 P46)

一四、“㐱”：

1. 写作“佘” 墋1(墋 P48)；寥2(寥 P245)

2. 写作“佘” 膠2(膠 P191)；醪1(醪 P233)；謬2(謬 P278)

3. 写作“尒” 慘1(慘 P36)；𩃬1(霯 P36)；趁1(趁 P48)——趁2(趁 P48)——趁3(趁 P48)；寥1(寥 P245)；蓼1(蓼 P246)；繆1(繆 P278)；謬1(謬 P278)；猻1(猻 P347)；椮2(椮 P348)；瞜1(瞜 P360)；殄2(殄 P403)；蟉1(蟉 P453)

4. 写作“尔” 殄1(殄 P403)——殄2(殄 P403)

一五、“艹”：

1. 写作“䒑” 薄1(薄 P30)——薄3(薄 P30)；礴1(礴 P30)；荇1(荇 P117)——荇2(荇 P117)；塔1(塔 P394)；英4(英 P503)

2. 写作“丷” 草1(草 P37)；夢4(夢 P272)——夢5(夢

P272)；英3(英 P503)

3. 写作“十”　曹2(曹 P37)——曹3(曹 P37)；漕1(漕 P37)；莫1(莫 P280)

4. 写作“艹”　燕1(燕 P481)

5. 写作“䒑”　若2(若 P343)——若4(若 P343)——若5(若 P343)——若9(若 P343)

6. 写作“大”　夢6(夢 P272)

7. 写作“卝”　苦3(苦 P225)

8. 写作“业”　苦4(苦 P225)——苦5(苦 P225)——苦6(苦 P225)——苦10(苦 P225)——苦11(苦 P225)

9. 写作“㸚”　藩1(藩 P106)

一六、“宀”：

1. 写作“一”　安4(安 P3)——安10(安 P3)

2. 写作“八”　安6(安 P3)——安8(安 P3)；按2(按 P4)；案(案 P5)

3. 写作“丷”　安9(安 P3)；鞍1(鞍 P3)——鞍4(鞍 P3)

4. 写作“丶丶”　鞍2(鞍 P3)——鞍3(鞍 P3)

5. 写作“卄”　察1(察 P33)

6. 写作“冖”　若1(若 P77)；富4(富 P119)——富5(富 P119)；寇3(寇 P224)；宵1(宵 P452)；宜1(宜 P492)；誼1(誼 P498)

7. 写作“冂”　割1(割 P127)——割2(割 P127)；灾1(灾 P531)

8. 写作“罒”　富6(富 P119)——富7(富 P119)

9. 写作“厂”　富9(富 P119)

10. 写作“广”　宙1(宙 P561)

11. 写作“亠”　割3(割 P127)——害10(害 P146)；實2(實 P365)——實5(實 P366)

12. 写作“人”　鎋1(鎋 P446)

一七、"彳"：

1. 写作"丬"　𢼸 6(彼 P17)；屐 1(屐 P173)——屐 2(屐 P173)；履 1(履 P258)；履 2(履 P258)

2. 写作"氵"　淂 3(得 P79)——淂 5(得 P79)；覆 7(覆 P121)；浚 1(後 P156)——浚 2(後 P156)

3. 写作"𠃌"　履 3(履 P258)

4. 写作"扌"　𡱽 1(屧 P457)

5. 写作"歹"　𣦸 2(往 P419)

6. 写作"亻"　行 1(行 P459)；𢘃 5(愆 319)——𢘃 6(愆 P319)

7. 写作"刂"　循 2(循 P469)

一八、"罒"：

1. 写作"目"　徳 1(德 P79)——德 2(德 P79)——悳 5(德 P79)——悳 8(德 P79)；象 3(象 P451)——象 4(象 P451)

2. 写作"一"　篾 1(篾 P276)

3. 写作"冖"　爵 1(爵 P216)——爵 2(爵 P216)——爵 4(爵 P216)——爵 5(爵 P216)；嚼 1(嚼 P216)

4. 写作"四"　置 6(置 P558)

5. 写作"冈"　罪 5(罪 P578)——罪 7(罪 P578)

6. 写作"冈"　置 7(置 P558)

7. 写作"血"　釋 4(釋 P370)——釋 5(釋 P370)；籜 2(籜 P413)；譯 1(譯 P497)；懌 1(懌 P497)；斁 1(斁 P499)

一九、"廾"：

1. 写作"井"　戒 2(戒 P198)——戒 8(戒 P198)；誡 5(誡 P199)

2. 写作"井"　戒 3(戒 P198)；戒 1(戒 P198)——戒 4(戒 P198)——戒 5(戒 P198)——戒 6(戒 P198)——戒 7(戒 P198)

3. 写作"开"　戒 9(戒 P198)

4. 写作"干"　械 1(械 P198)

5. 写作"犬"　喚 2(喚 P164)

6. 写作"[illegible]"　摸 2(换 P164)

7. 写作"人"　渙 1(涣 P164)

二〇、"冘"：

1. 写作"冗"　忱 1(忱 P47)；霃 1(霃 P47)

2. 写作"尤"　枕 1(枕 P548)——枕 2(枕 P548)——枕 3(枕 P548)；躭 1(躭 P75)——躭 2(躭 P75)

3. 写作"只"　沢 4(沉 P47)

4. 写作"宄"　沉 1(沉 P47)——沉 2(沉 P47)——沉 3(沉 P47)

二一、"儿"：

1. 写作"[illegible]"　皃 5(貌 P268)——皃 6(貌 P268)

2. 写作"兀"　呪 4(咒 P561)

二二、"人"：

1. 写作"又"　臥 1(卧 P428)

2. 写作"ㄑ"　坐 4(坐 P580)——坐 5(坐 P580)

3. 写作"人"　趁 1(趁 P48)——趁 2(趁 P48)——趁 3(趁 P48)；旗 2(旗 P313)；施 1(施 P364)——施 2(施 P365)；殄 2(殄 P403)——殄 1(殄 P403)——殄 2(殄 P403)；旋 3(旋 P466)——旋 6(旋 P466)；珍 2(珍 P547)——珍 3(珍 P547)——珍 4(珍 P547)——珍 5(珍 P547)；軫 1(轸 P548)——軫 2(轸 P548)

4. 写作"丁"　虎 11(虎 P158)

5. 写作"厶"　臨 4(臨 P247)；旋 9(旋 P466)；族 2(族 P575)——族 3(族 P575)——族 6(族 P576)——族 7(族 P576)

6. 写作"十"　臨 2(臨 P247)

7. 写作"一"　臨 3(臨 P247)

8. 写作"口"　色 1(色 P350)

9. 写作"宀"　旋 13(旋 P466)

10. 写作“一” 塩 2(鹽 P476)——塭 3(鹽 P476)

二三、“兑”：

1. 写作“兑” 皶 1(皶 P64)

2. 写作“兊” 兊 1(兑 P95)；鋭 1(鋭 P343)；税 1(税 P380)；説 3(説 P381)——説 5(説 P381)——説 6(説 P381)；脱 1(脱 P411)

3. 写作“兊” 脱 2(脱 P411)

4. 写作“兊” 脱 3(脱 P411)

5. 写作“兑” 脱 4(脱 P411)

二四、“右”：

1. 写作“右” 若 7(若 P344)——若 8(若 P344)

2. 写作“合” 若 10(若 P344)

3. 写作“后” 祐 3(祐 P512)

二五、“犭”：

1. 写作“扌” 擉 3(獨 P91)

2. 写作“犭” 猪 5(猪 P563)——猪 7(猪 P563)

3. 写作“犭” 貍 1(狸 P237)

二六、“爫”：

1. 写作“夕” 淫 2(淫 P501)

2. 写作“ノ” 争 2(爭 P549)

3. 写作“爫” 奚 2(奚 P436)

4. 写作“爫” 浮 2(浮 P117)；浮 3(浮 P117)

二七、“𠬝”：

1. 写作“欠” 報 1(報 P12)——報 2(報 P12)——報 5(報 P12)

2. 写作“𠬝” 報 7(報 P12)

3. 写作“𠬝” 報 6(報 P12)——報 4(報 P12)

4. 写作“𠬝” 報 8(報 P12)

5. 写作“𠬝” 報 3(報 P12)

6. 写作“艮”　服 6(服 P116)——服 7(服 P116)——服 8(服 P116)

二八、“𠤎”：

1. 写作“长”　罷 2(罷 P8)；能 6(能 P287)——能 7(能 P287)——能 9(能 P287)

2. 写作“長”　能 1(能 P287)——能 2(能 P287)；能 4(能 P287)

3. 写作“表”　罷 1(罷 P8)

4. 写作“片”　能 3(能 P287)

5. 写作“表”　能 5(能 P287)

6. 写作“35”　能 10(能 P287)

二九、“攴”：

1. 写作“欠”　斂 3(斂 P243)

2. 写作“文”　玫 1(玫 P269)；微 3(微 P421)

3. 写作“又”　啟 4(啟 P314)；脩 1(脩 P461)——脩 5(脩 P461)——脩 6(脩 P461)——脩 7(脩 P461)；肇 1(肇 P544)——肇 2(肇 P544)

4. 写作“冬”　悠 1(悠 P509)

5. 写作“夂”　數 3(數 P377)；薮 1(薮 P385)；薮 3(薮 P385)；嚴 2(嚴 P475)

6. 写作“支”　數 7(數 P377)

7. 写作“交”　數 10(數 P377)

8. 写作“夊”　嚴 3(嚴 P475)

9. 写作“叉”　徹 1(徹 P45)；數 5(數 P377)

10. 写作“叉”　徹(徹 P45)；啖 3(啖 P76)；改 1(改 P122)——改 2(改 P122)

11. 写作“叉”　敷 5(敷 P115)——敷 6(敷 P115)

12. 写作“叉”　幣 1(幣 P19)；救 1(救 P208)；斂 1(斂 P242)；撒 1(撒 P345)；镦 1(镦 P348)；散 1(散 P348)——散 2

(散 P348)——散 4(散 P348)

13. 写作"攵" 數 14(數 P377)——數 15(數 P377)——數 16(數 P377);薮 6(薮 P385)

14. 写作"支" 战 2(战 P84);鳌 2(鳌 P239);散 7(散 P348);薮 5(薮 P385);條 5(條 P404)

15. 写作"人" 脩 3(脩 P461)

16. 写作"交" 敲 1(敲 P322)

17. 写作"冬" 悠 1(悠 P509)

18. 写作"力" 氂 1(氂 P239);鳌 1(鳌 P239)——鳌 3(鳌 P239);效 1(效 P453)——效 3(效 P453)——效 4(效 P453);整 1(整 P550)——整 3(整 P550)

三〇、"殳":

1. 写作"文" 般 3(般 P10)——般 4(般 P10);玫 1(玫 P269);微 3(微 P421)

2. 写作"攵" 般 5(般 P10);撥 1(撥 P29)——撥 2(撥 P29);發 11(發 P104);盤 1(盤 P299);殺 18(殺 P351)

3. 写作"旻" 殿 2(殿 P85)——殿 7(殿 P85);吺 (吺 P90);股 1(股 P133);羖 1(羖 P134)——羖 2(羖 P134);穀 1(穀 P134)——穀 2(穀 P134)——穀 3(穀 P134);擊 1(擊 P172)——擊 2(擊 P172)——擊 3(擊 P172);盤 2(盤 P299);槃 4(槃 P299);槃 6(槃 P299);槃 4(槃 P299);槃 2(槃 P299);謦 1(謦 P327);磬 1(磬 P328)——磬 2(磬 P328)——磬 3(磬 P328);罄 1(罄 P328);殺 21(殺 P352);設 1(設 P357)——設 2(設 P357)——設 3(设 P357);芟 1(芟 P353);疫 1(疫 P497)

4. 写作"殳" 段 2(段 P93)——段 3(段 P93)——段 5(段 P93);盤 3(盤 P299);盤 5(槃 P299)

5. 写作"攴" 殺 19(殺 P351)

6. 写作"扌" 廄 1(廄 P208)

7. 写作"殳" 聲 2(聲 P361)——聲 5(聲 P362)——聲 8(聲

P362)——㱿 10(磬 P362)；数 4(數 P377)；繫 2(繫 P442)

8. 写作“幺”　繫 4(繫 P442)——繫 5(繫 P442)

9. 写作“𠂉”　繫 1(繫 P442)

三一、“又”：

1. 写作“攵”　度 5(度 P92)——度 6(度 P93)——度 2(度 P92)；謦 2(謦 327)；叡 1(叡 P343)；最 14(最 P578)——最 15(最 P578)；嘬 1(嘬 P579)

2. 写作“大”　侵 3(侵 P325)；受 2(受 P372)——受 3(受 P372)

3. 写作“友”　雙 1(雙 P379)

4. 写作“く”　取 1(取 P331)——取 2(取 P331)；最 13(最 P577)；聚 1(聚 P212)——聚 4(聚 P212)——聚 5(聚 P212)

5. 写作“乀”　娶 1(娶 P331)

6. 写作“乂”　護 5(護 P159)

7. 写作“文”　侵 2(侵 P325)

8. 写作“支”　嘬 1(嘬 P579)

9. 写作“乀”　度 4(度 P92)

三二、“夂”：

1. 写作“攵”　贛 2(贛 P131)

2. 写作“人”　终 2(终 P559)

3. 写作“𠂇”　盈 1(盈 P505)——盈 2(盈 P505)

4. 写作“丰”　盈 2(盈 P505)——盈 3(盈 P505)——盈 4(盈 P505)——盈 6(盈 P505)——盈 7(盈 P505)

5. 写作“天”　楹 1(楹 P505)

6. 写作“攴”　致 1(致 P557)——致 2(致 P557)

三三、“文”：

1. 写作“攵”　蚊 1(蚊 P425)；虔 1(虔 P319)——虔 2(虔 P319)

2. 写作“又”　虔 3(虔 P319)——虔 4(虔 P319)；斓 1(斓

P232)

三四、“疋”：

1. 写作“⻌” 礙 1(礙 P2)
2. 写作“之” 癡 7(癡 P53)
3. 写作“乙” 癡 6(癡 P52)
4. 写作“⺋” 胥 1(胥 P462)——胥 3(胥 P462)
5. 写作“⻊” 楚 1(楚 P59)
6. 写作“⻏” 旋 1(旋 P466)——旋 2(旋 P466)

三五、“舟”：

1. 写作“月” 般 1(般 P9)
2. 写作“自” 般 2(般 P9)

三六、“犮”：

1. 写作“犮” 拔 1(拔 P7)——拔 2(拔 P7)——拔 4(拔 P7)——拔 7(拔 P7)；鈸 1(鈸 P30)
2. 写作“犮” 拔 3(拔 P7)；跋 2(跋 P7)——跋 3(跋 P7)
3. 写作“友” 拔 6(拔 P7)；跋 5(跋 P7)——跋 4(跋 P7)
4. 写作“犮” 拔 5(拔 P7)；茇 2(茇 P8)——妭 3(妭 P8)
5. 写作“犮” 跋 1(跋 P7)
6. 写作“火” 髮 9(髮 P105)
7. 写作“丈” 黻 2(黻 P116)
8. 写作“友” 黻 3(黻 P116)

三七、“巴”：

1. 写作“已” 把 2(把 P8)——把 3(把 P8)——把 1(把 P8)；琶 1(琶 P298)
2. 写作“己” 把 4(把 P8)
3. 写作“巳” 葩 1(葩 P298)

三八、“白”：

1. 写作“日” 皆 1(皆 P194)——皆 2(皆 P194)；魄 3(魄 P308)；怕 1(怕 P298)

2. 写作"自" 㤗 2(怕 P298);百 1(百 P9)
3. 写作"𠄌" 㲎 1(㲎 P416)

三九、"自":

1. 写作"日" 皇 1(皇 P165)——惶 1(惶 P165)
2. 写作"白" 鼻 3(鼻 P16)——鼻 4(鼻 P16);息 1(息 P436)——息 2(息 P436)

四〇、"月":

1. 写作"目" 裑 1(裑 P15);眈 1(肬 P76)
2. 写作"白" 望 5(望 P420)
3. 写作"日" 絹 4(绢 P214);霄(霄 P452)
4. 写作"𠂎" 望 1(望 P420)——望 2(望 P420)
5. 写作"人" 望 3(望 P420)
6. 写作"夕" 望 7(望 P420)——望 9(望 P420)
7. 写作"刀" 望 8(望 P420)
8. 写作"久" 望 10(望 P420)
9. 写作"彐" 望 11(望 P420)

四一、"亡":

1. 写作"巨" 肓 1(肓 P164);荒 2(荒 P165)——荒 4(荒 P165)——荒 5(荒 P165);慌 1(慌 P165);望 1(望 P420)——望 7(望 P420)——望 11(望 P420);忙 2(忙 P265);茫 1(茫 P265);盲 2(盲 P265);鋩 1(鋩 P266)
2. 写作"夕" 荒 1(慌 P164)
3. 写作"巳" 荒 3(荒 P165)
4. 写作"氵" 望 8(望 P420)——望 9(望 P420)
5. 写作"三" 盲 1(盲 P265)
6. 写作"𠂎" 望 2(望 P420)
7. 写作"了" 望 10(望 P420)

四二、"卑":

1. 写作"甲" 稗 1(稗 P9)——稗 2(稗 P9);卑 1(卑

P13)——𤰞2(卑 P13)；俾1(俾 P17)；婢1(婢 P18)；裨1(裨 P18)

2. 写作"畀" 娦2(婢 P18)

四三、"畀"：

写作"卑" 鼻2(鼻 P16)——鼻5(鼻 P16)——鼻6(鼻 P16)——鼻7(鼻 P16)——鼻8(鼻 P16)；鼾1(鼾 P441)；痹1(痹 P18)——痹2(痹 P18)

四四、"匕"：

1. 写作"止" 老1(老 P233)——老2(老 P234)；頴3(颖 P506)

2. 写作"山" 老4(老 P234)

3. 写作"工" 老6(老 P234)——老7(老 P234)；尼4(尼 P288)；泥9(泥 P288)——泥10(泥 P288)；怩1(怩 P288)；鈮1(鈮 P288)；泥3(泥 P288)——泥4(泥 P288)；傾2(傾 P326)；頃4(頃 P327)

4. 写作"已" 匙1(匙 P53)

5. 写作"上" 老3(老 P234)；尼1(尼 P288)——尼2(尼 P288)；凝1(凝 P293)——凝2(凝 P293)——凝3(凝 P293)；疑4(疑 P493)——疑5(疑 P493)——疑8(疑 P493)；頴1(颖 P506)——頴2(颖 P506)

6. 写作"コ" 尼5(尼 P288)；泥8(泥 P288)

7. 写作"𠂉" 詣1(诣 P497)——詣5(诣 P497)

8. 写作"人" 詣2(詣 P497)——詣3(詣 P497)——詣4(詣 P497)

9. 写作"亠" 脂1(脂 P553)——脂2(脂 P553)——脂3(脂 P553)——脂4(脂 P553)；旨1(旨 P555)；指2(指 P555)——指5(指 P555)

10. 写作"七" 傾1(傾 P326)——傾3(傾 P326)；頃1(頃 P327)

11. 写作"王" 傾4(傾 P326)

12. 写作"匕"　頃 2(頃 P327)

13. 写作"レ"　頃 3(頃 P327)

四五、"工"：

1. 写作"王"　空 1(空 P223)——空 7(空 P223)

2. 写作"匕"　差 1(差 P39)——差 2(差 P39)——差 5(差 P39)

3. 写作"コ"　全 1(全 P331)——全 2(全 P331)——全 3(全 P331)

四六、"壬"：

1. 写作"玉"　呈 1(呈 P50)

2. 写作"生"　呈 3(呈 P50)

3. 写作"王"　任 1(任 P339)——任 2(任 P339)——任 3(任 P339)；婬 4(淫 P501)——婬 5(淫 P501)

4. 写作"主"　荏 1(荏 P339)

四七、"氵"：

1. 写作"丫"　波 1(波 P28)

2. 写作"王"　渠 2(渠 P330)

3. 写作"攵"　菹 1(菹 P576)

4. 写作"丨"　油 2(油 P510)；濇 1(濇 P351)；潛 5(潛 P320)

5. 写作"亻"　沐(沐 P281)；鴻 3(鴻 P154)——鴻 2(鴻 P154)；法 1(法 P105)——法 2(法 P105)；泯 1(泯 P277)

四八、"不"：

1. 写作"王"　杯 3(杯 P13)

2. 写作"壬"　杯 4(杯 P13)

3. 写作"不"　不 1(不 P31)

4. 写作"不"　不 2(不 P31)

5. 写作"衣"　不 3(不 P31)——不 4(不 P31)——不 5(不 P31)——不 6(不 P31)——不 7(不 P31)——不 8(不 P32)——不 9(不 P32)

6. 写作"尓" 尓10(不 P32)

四九、"大":

1. 写作"亣" 菴1(菴 P4)——菴3(菴 P4);奪5(奪 P97);攮2(攮 P97)

2. 写作"廾" 奎1(奎 P14)

3. 写作"山" 奪1(奪 P97)——奪2(奪 P97)——奪3(奪 P97)

4. 写作"亠" 奮(奮 P111)

5. 写作"丷" 衡1(衡 P153)

6. 写作"土" 赫1(赫 P152)——赫3(赫 P152);恩1(恩 P102);因5(因 P500)

7. 写作"工" 恩2(恩 P102)——恩4(恩 P102);因3(因 P499)——因4(因 P499)——因8(因 P500)——因9(因 P500);姻1(姻 P500)——姻2(姻 P500)

8. 写作"犬" 駄1(馱 P412)——駄2(馱 P412)

9. 写作"父" 美7(美 P270)——美8(美 P270)——美9(美 P270)

10. 写作"火" 因10(因 P500)——因11(因 P500)

11. 写作"丰" 因6(因 P500)

12. 写作"与" 赦1(赦 P357)

五〇、"死":

1. 写作"死" 死4(死 P382)

2. 写作"夗" 死19(死 P383);葬5(葬 P534)

3. 写作"死" 葬2(葬 P534)——葬3(葬 P534)

五一、"十":

1. 写作"丅" 本1(本 P15)——本2(本 P15)

2. 写作"亠" 鄙1(鄙 P17);朝1(朝 P45);剩1(剩 P62);圖6(圖 P408);直1(直 P553);殖1(殖 P554)——殖2(殖 P554)——殖3(殖 P554)——殖4(殖 P554)

3. 写作“十”　鄙 2(鄙 P17)——啚 4(鄙 P17)

4. 写作“木”　勃 1(勃 P29)

5. 写作“乂”　垂 5(垂 P63)——垂 6(垂 P63)

6. 写作“八”　敵 2(敵 P81)——敵 3(敵 P81)——敵 4(敵 P81)

7. 写作“人”　畫 1(畫 P160)；韡 2(韡 P467)

8. 写作“ㄧ”　值 4(值 P554)

五二、“火”：

1. 写作“忄”　疢 1(疢 P48)——疢 2(疢 P48)

2. 写作“大”　煩 1(煩 P106)；煥 2(煥 P164)；熱 8(熱 P338)——熱 11(熱 P338)；榮 1(榮 P339)；熟 3(熟 P375)——熟 4(熟 P375)；災 5(災 P531)；

3. 写作“九”　熒 1(熒 P505)

4. 写作“人”　繚 1(繚 P245)

5. 写作“从”　庶 1(庶 P376)——庶 3(庶 P376)——庶 4(庶 P376)——庶 5(庶 P377)

五三、“室”：

1. 写作“室”　喋 1(喋 P88)

2. 写作“室”　喋 2(喋 P88)

五四、“犬”：

1. 写作“尤”　臭 2(臭 P57)——臭 9(臭 P58)

2. 写作“友”　獸 1(獸 P372)——獸 2(獸 P372)

3. 写作“大”　伏 1(伏 P115)——伏 2(伏 P115)；器 1(器 P317)；然 12(然 P336)——然 13(然 P336)；器 1(器 P317)；獄 2(獄 P516)——嶽 3(嶽 P527)

4. 写作“土”　器 3(器 P317)；然 1(然 P336)——然 2(然 P337)——然 3(然 P336)

5. 写作“火”　倏 1(倏 P374)；然 5(然 P336)

6. 写作“工”　器 4(器 P317)——器 5(器 P317)

7. 写作"犮"　淚2(淚 P236)——淚3(淚 P236)——淚4(淚 P236)；捩1(捩 P246)——捩2(捩 P246)

8. 写作"犮"　吠1(吠 P110)；伏1(伏 P115)；戾3(戾 P239)；踈1(踈 P241)；悷(悷 P241)；捩3(捩 P246)

9. 写作"犮"　俟(俟 P241)

10. 写作"文"　伏4(伏 P115)

11. 写作"大"　伏3(伏 P115)

12. 写作"戈"　吠2(吠 P110)

13. 写作"卜"　獄1(獄 P516)

14. 写作"弋"　猒9(猒 P479)

五五、"丰"：

1. 写作"未"　蜂1(蜂 P113)

2. 写作"土"　契1(契 P316)——契3(契 P317)——契4(契 P317)

3. 写作"圭"　契2(契 P316)

4. 写作"手"　契1(㓞 P317)——契2(㓞 P317)

五六、"韭"：

1. 写作"业"　搓3(搓 P346)

2. 写作"工"　搓4(搓 P346)——搓5(搓 P347)

3. 写作"非"　懺2(懺 P43)——懺4(懺 P43)；纖1(纖 P447)

五七、"隹"：

1. 写作"隹"　唯1(唯 P423)；維2(维 P423)；雍1(雍 P508)

2. 写作"业"　虧2(虧 P228)——虧5(虧 P228)

3. 写作"工"　顧1(顧 P135)——顧2(顧 P135)——顧3(顧 P135)

五八、"兆"：

1. 写作"兆"　銚1(銚 P86)；逃1(逃 P399)；桃1(桃 P400)——桃2(桃 P400)——桃3(桃 P400)——桃4(桃 P400)；

祧 1(祧 P403)；眺 1(眺 P404)；姚 1(姚 P485)

2. 写作“兆”　咷 1(咷 P399)

3. 写作“兆”　逃 3(逃 P399)

4. 写作“非”　桃 5(桃 P400)

5. 写作“兆”　恌 1(恌 P403)；趒 1(趒 P404)；姚 2(姚 P485)

6. 写作“兆”　挑 1(挑 P403)；跳 1(跳 P404)

五九、“缶”：

1. 写作“缶”　寶 1(寶 P11)

2. 写作“正”　罍 1(罍 P235)；陶 2(陶 P400)

3. 写作“缶”　缺 1(缺 P333)——缺 2(缺 P333)

4. 写作“缶”　缺 3(缺 P333)；罇 1(罇 P579)

5. 写作“缶”　陶 3(陶 P400)——陶 1(陶 P485)——陶 2(陶 P486)

6. 写作“缶”　淘(淘 P400)

7. 写作“吕”　陶 1(陶 P400)

8. 写作“缶”　繇 1(繇 P510)

9. 写作“缶”　瓶 4(瓶 P306)

六〇、“阜”：

1. 写作“阝”　阿 1(阿 P1)

2. 写作“阝”　阿 4(阿 P1)

3. 写作“亻”　陌 1(陌 P280)；薩 1(薩 P346)；隐 9(隐 P502)

4. 写作“氵”　深 11(深 P359)——深 12(深 P359)

5. 写作“阜”　阜 1(阜 P118)

6. 写作“阜”　阜 2(阜 P119)

六一、“革”：

1. 写作“革”　鞍 1(鞍 P3)——鞍 2(鞍 P3)；革 1(革 P127)——革 2(革 P127)——革 3(革 P127)；羁 3(羁 P174)

2. 写作“革”　鞭 3(鞭 P22)

3. 写作“草” 羁 1(羈 P174)

4. 写作“莫” 鞅 1(鞅 P482)

5. 写作“革” 鞅 2(鞅 P482)

六二、“卩”：

1. 写作“卞” 昂(昂 P5)；即 10(即 P175)

2. 写作“了” 即 3(即 P175)

3. 写作“卞” 即 8(即 P175)

4. 写作“邑” 郎 1(即 P175)——郎 2(即 P175)——郎 4(即 P175)；脚 1(脚 P193)；却 1(却 P333)；叩 2(叩 P224)；卹 1(卹 P464)；仰 2(仰 P483)；御 5(御 P518)

5. 写作“阝” 卿 2(卿 P327)

六三、“朋”：

1. 写作“用” 崩 2(崩 P15)——崩 3(崩 P15)；朋 3(朋 P302)；鹏 1(鹏 P302)

2. 写作“𦙶” 崩 4(崩 P15)；朋 2(朋 P302)

六四、“片”：

1. 写作“片” 牓 2(牓 P11)

2. 写作“爿” 牒 6(牒 P87)

3. 写作“片” 牒 2(牒 P87)

4. 写作“片” 牒 3(牒 P87)——牒 4(牒 P87)

5. 写作“片” 牒 5(牒 P87)

六五、“日”：

1. 写作“目” 旦 2(旦 P75)；盟 1(盟 P271)——盟 2(盟 P271)；曚 1(曚 P271)；明 1(明 P277)——明 2(明 P277)；昔 4(昔 P435)；旬 1(旬 P469)；曜 1(曜 P486)

2. 写作“月” 暱 1(暱 P290)——暱 3(暱 P290)；曄 1(曄 P489)；晬 1(晬 P578)

3. 写作“臼” 晨 1(晨 P48)

4. 写作“旧” 怛 1(怛 P72)；量 5(量 P245)

5. 写作“貝”　䀹(盰 P124)

6. 写作“口”　踏 1(踏 P394)——踏 2(踏 P394)——踏 3(踏 P394);暫 4(暂 P533);量 7(量 P245)——量 8(量 P245)

7. 写作“口”　量 6(量 P245)

六六、“水”:

1. 写作“小”　泉 2(泉 P332);滕 1(滕 P400)

2. 写作“小”　泰 1(泰 P396)——泰 2(泰 P396)

3. 写作“木”　渌 1(渌 P255)——渌 4(渌 P255)

六七、“土”:

1. 写作“圡”　坐 1(坐 P15);塵 2(塵 P47)——塵 3(塵 P47);肚 1(肚 P92);杜 1(杜 P92)——杜 2(杜 P92);墮 5(堕 P98);陛 1(陛 P18);壁 2(壁 P19);墓 1(墓 P282);塞 1(塞 P347);社 1(社 P357)——社 2(社 P357)——社 3(社 P357);土 1(土 P409);吐 3(吐 P410)

2. 写作“扌”　坼 3(坼 P46);塼 1(塼 P566)——塼 3(塼 P566)

3. 写作“工”　墮 4(堕 P98);垢 4(垢 P132)

4. 写作“主”　涅 1(涅 P292)——涅 2(涅 P292)

5. 写作“生”　涅 3(涅 P292)——涅 4(涅 P292)

6. 写作“上”　社 4(社 P357);吐 1(吐 P410)——吐 2(吐 P410)

7. 写作“ㄊ”　社 5(社 P357)

8. 写作“丟”　堂 3(堂 P398)

六八、“心”:

1. 写作“山”　愛 6(爱 P2)

2. 写作“一”　愛 9(爱 P2);寧 1(寧 P293);懧 1(懧 P296)

3. 写作“一丶”　懇 1(懇 P222)——懇 2(懇 P222)

4. 写作“山”　惱 8(惱 P286);腦 2(腦 P286)

5. 写作“心”　思 1(思 P382)

6. 写作“人” 億 1(億 P495)

六九、“牙”:

1. 写作“牙” 牙 1(牙 P471)——牙 2(牙 P472)

2. 写作“牙” 牙 4(牙 P472);雅 1(雅 P472)

3. 写作“歹” 雅 2(雅 P472)

4. 写作“手” 邪 2(邪 P454)

七〇、“雨”:

1. 写作“西” 霸 1(霸 P8)

2. 写作“癶” 雷 1(雷 P235)

3. 写作“两” 漏 3(漏 P254)

4. 写作“而” 儒 1(儒 P341);繻 1(繻 P341);擩 1(擩 P341)——檽 1(檽 P341);濡 1(濡 P342)——濡 2(濡 P342)

5. 写作“南” 襦 1(襦 P341)

6. 写作“西” 雲 1(雲 P528)

7. 写作“丙” 霞 1(霞 P388)

8. 写作“而” 需 1(需 P463)

七一、“肉”:

1. 写作“宍” 宍 1(肉 P340)——宍 2(肉 P340)——宍 3(肉 P340)——宍 10(肉 P341)

2. 写作“宍” 宍 4(肉 P340)

3. 写作“肉” 肉 8(肉 P340)

4. 写作“月” 腦 13(腦 P287)

5. 写作“月” 肩 3(肩 P185)

6. 写作“貝” 肩 4(肩 P185)

7. 写作“夕” 然 1(然 P336)——然 3(然 P336)

8. 写作“歹” 然 2(然 P336)——然 5(然 P336)

9. 写作“夕” 然 12(然 P336)——然 13(然 P336)

七二、“皮”:

1. 写作“皮” 披 1(披 P303)

2. 写作"攵"　攵 2(皮 P304)；頗 1(颇 P307)

3. 写作"夂"　頗 2(颇 P307)

4. 写作"攴"　駮(駁 P307)

七三、"角"：

1. 写作"鱼"　觸 1(觸 P59)——觸 2(觸 P59)；觧 3(解 P197)——觧 4(解 P197)——觧 5(解 P197)；懈 2(懈 P456)——懈 3(懈 P456)——懈 4(懈 P456)

2. 写作"臾"　筋 1(筋 P200)——筋 2(筋 P200)——筋 5(筋 P200)——筋 3(筋 P200)

七四、"糸"：

1. 写作"氵"　綵 3(綵 P34)

2. 写作"氵"　繽 3(繽 P26)；緣 9(緣 P522)

3. 写作"I"　納 1(納 P283)——納 2(納 P283)

4. 写作"ㄑ"　戀 2(戀 P243)

5. 写作"{"　彎 3(彎 P258)

6. 写作"糸"　繩 3(繩 P362)

7. 写作"幺"　濕 3(濕 P365)

8. 写作"彡"　給 1(給 P178)；繚 1(繚 P245)

9. 写作"彳"　纔 2(纔 P33)——纔 4(纔 P33)；縱 5(縱 P574)

10. 写作"亻"　细 2(细 P443)

七五、"口"：

1. 写作"ム"　鄙 2(鄙 P17)；售 5(售 P373)；

2. 写作"工"　壁 4(壁 P20)——壁 6(壁 P20)；璧 4(璧 P20)

3. 写作"丷"　唱 1(唱 P44)——唱 2(唱 P44)

4. 写作"日"　叫 1(叫 P193)

5. 写作"冫"　餐 2(餐 P35)——餐 3(餐 P35)——餐 4(餐 P35)——餐 5(餐 P35)——餐 6(餐 P35)

6. 写作"乙"　吊 3(吊 P86)

7. 写作"丿"　吊 2(吊 P86)——吊 5(吊 P86)

8. 写作“厶” 构 1(拘 P209)；駒 1(驹 P209)；售 1(售 P373)——售 2(售 P373)——售 3(售 P373)

9. 写作“⺀” 奩 4(奩 P242)；數 5(數 P377)

10. 写作“夕” 遠 8(遠 P523)；哉 2(哉 P531)——哉 3(哉 P531)——哉 4(哉 P531)——哉 5(哉 P531)——哉 13(哉 P531)

11. 写作“⺈” 勇 1(勇 P508)——勇 4(勇 P508)

12. 写作“⺈” 哉 1(哉 P531)——哉 10(哉 P531)

13. 写作“⺈” 雖 11(雖 P389)——雖 12(雖 P389)——雖 13(雖 P389)

七六、“匚”：

1. 写作“辶” 匡 1(匡 P227)——匡 2(匡 P227)——匡 3(匡 P227)——匡 4(匡 P227)——匡 5(匡 P227)——匡 6(匡 P227)

2. 写作“辶” 櫃 2(櫃 P142)；匣 1(匣 P445)

3. 写作“辶” 櫃 1(櫃 P142)

4. 写作“𠃊” 筐 1(筐 P110)；匳 1(匳 P221)——匳 2(匳 P221)

七七、“匸”：

1. 写作“辶” 匿 1(匿 P289)

2. 写作“⺁” 匿 2(匿 P289)——匿 3(匿 P289)——匿 4(匿 P289)——匿 5(匿 P289)

3. 写作“𠃊” 漚 1(沤 P297)

4. 写作“⺃” 軀 1(躯 P330)；嶇 1(岖 P330)

七八、“辶”：

1. 写作“𠃊” 避 2(避 P20)；返 1(返 P107)——返 2(返 P107)；迴 3(迴 P167)；近 6(近 P202)；逃 2——逃 4(逃 P399)；違 1(違 P422)

2. 写作“𠃊” 搥 2(搥 P63)——搥 3(搥 P63)；逆 6(逆 P289)；遇 1(遇 P519)

3. 写作“辶” 迴 2(迴 P167)

七九、"廴"：

1. 写作"⺈"　健 4(健 P189)——健 5(健 P189)；犍 1(犍 P189)庭；3(庭 P406)——庭 7(庭 P406)

2. 写作"乚"　健 1(健 P189)；挺 1(挺 P406)——挺 2(挺 P406)

3. 写作"辶"　建 1(建 P188)；健 3(健 P189)；揵 2(揵 P189)；庭 4(庭 P406)——挺 5(挺 P406)——庭 8(庭 P406)——庭 9(庭 P406)；霆 1(霆 P406)；挺 5(挺 P406)；延 2(延 P474)——延 3(延 P474)——延 4(延 P474)

八〇、"乏"：

1. 写作"乏"　窆 1(窆 P22)

2. 写作"之"　泛 1(泛 P107)

八一、"言"：

1. 写作"糹"　計 1(計 P180)

2. 写作"吉"　詹 1(詹 P540)——詹 3(詹 P540)；擔 1(擔 P74)——擔 3(擔 P74)；膽 1(膽 P75)——膽 2(膽 P75)；澹 1(澹 P76)

3. 写作"告"　瞻 7(瞻 P540)；擔 2(擔 P74)

4. 写作"扌"　詞 1(詞 P64)；請 1(请 P327)；謁 1(謁 P488)；議 3(議 P495)

5. 写作"言"　言 1(言 P475)

6. 写作"言"　言 3(言 P475)

7. 写作"言"　信 1(信 P458)

8. 写作"吉"　贍 1(贍 P354)；憺 1(幨 P41)；襜 1(襜 P41)

9. 写作"氵"　諒 2(諒 P244)

八二、"欠"：

1. 写作"卜"　次 3(次 P65)——次 4(次 P65)；歌 1(歌 P127)；欺 1(欺 P311)

2. 写作"艮"　厥 4(厥 P216)；歡 3(歡 P161)；飲 3(飲 P501)；

1(欲 P517)—— 9(欲 P517)

3. 写作“” 1(歡 P161)—— 2(歡 P161)—— 4(歡 P161)—— 5(歡 P161)； 1(欣 P457)； 1(飲 P501)—— 2(飲 P501)

4. 写作“” 1(阙 P333)—— 3(阙 P334)； 1(歎 P397)； 14(欲 P517)

5. 写作“” 10(欲 P517)

6. 写作“久” 5(次 P65)； 22(欲 P518)

7. 写作“” 23(欲 P518)

8. 写作“” 10(歡 P161)； 1(歇 P454)

9. 写作“” 5(阙 P334)

10. 写作“” 2(次 P65)

11. 写作“” 2(欺 P311)

12. 写作“” 1(欹 P312)

八三、“示”:

1. 写作“禾” 2(禪 P42)； 2(神 P359)； 2(视 P368)； 1(蒜 P388)—— 3(蒜 P388)—— 4(蒜 P388)—— 5(蒜 P388)

2. 写作“木” 4(標 P25)—— 5(標 P25)； 1(稟 P28)—— 3(稟 P28)—— 2(稟 P28)

3. 写作“” (察 P40)

4. 写作“水” 3(飘 P305)

八四、“小”:

1. 写作“灬” 6(標 P25)—— 7(標 P25)

2. 写作“” 7(就 P208)—— 13(就 P208)

3. 写作“火” 1(刹 P40)—— (刹 P40)—— 5(刹 P40)

4. 写作“木” 1(縣 P448)—— 3(縣 P448)

5. 写作“” 3(雀 P333)

6. 写作“艹” 4(雀 P333)

八五、“户”：

1. 写作“后”　姤 1(妒 P92)——姤 2(妒 P92)——姤 4(妒 P92)——姤 5(妒 P92)

2. 写作“石”　妬 6(妒 P92)——妬 7(妒 P92)；肇 1(肇 P544)——肇 2(肇 P544)

3. 写作“石”　妬 3(妒 P92)

八六、“兵”：

1. 写作“兵”　兵 1(兵 P27)——兵 2(兵 P27)——兵 4(兵 P27)——兵 5(兵 P27)

2. 写作“兵”　兵 3(兵 P27)

八七、“疒”：

1. 写作“广”　病 1(病 P28)——病 2(病 P28)——病 5(病 P28)；瘳 1(瘳 P56)；嫉 1(嫉 P177)

2. 写作“疒”　疾 1(疾 P176)——疾 3(疾 P176)——疾 4(疾 P176)——疾 5(疾 P176)

八八、“广”：

1. 写作“疒”　厕 3(厕 P37)；廂 1(厢 P449)；疽 1(疽P209)；廢 1(廢 P110)——廢 2(廢 P110)；底 2(底 82)——底 3(底 P82)

2. 写作“厂”　頎 1(頎 P326)；庖 1(庖 P301)

3. 写作“亠”　摩 1(摩 P279)

八九、“厂”：

写作“广”　厕 1(厕 P37)；魘 1(魘 P479)——魘 2(魘 P479)；雁 2(雁 P481)——雁 4(雁 P481)——雁 5(雁 P481)——雁 6(雁 P481)

九〇、“瓜”：

1. 写作“爪”　瓝 2(瓝 P29)；狐 4(狐 P157)——狐 5(狐 P157)；菰 1(菰 P261)——菰 2(菰 P261)

2. 写作“苽”　苽 7(瓜 P135)

3. 写作“苽”　苽 8(瓜 P135)

4. 写作"𠂢" 𤓰 5(孤 P133)；𠂢 5(瓜 P135)；狐 1(狐 P157)——狐 3(狐 P157)

5. 写作"爪" 瓜 3(瓜 P135)——瓜 4(瓜 P135)——瓜 5(瓜 P135)——瓜 6(瓜 P135)；狐 3(狐 P157)；窊(窊 P414)

6. 写作"瓜" 瓜 1(瓜 P135)

7. 写作"𠂢" 弧 1(弧 P156)

8. 写作"乁" 瓢 1(瓢 P306)

九一、"勹"：

1. 写作"包" 瓟 1(瓟 P29)

2. 写作"勾" 酌 1(酌 P570)

九二、"忄"：

1. 写作"十" 博 2(博 P29)——愽 7(博 P29)；恻 1(恻 P37)

2. 写作"十" 愽 5(博 P29)；怖 2(怖 P32)；悔 1(悔 P167)；慳 1(慳 P318)；憶 1(憶 P495)

3. 写作"火" 怙 1(怙 P159)；惱 1(惱 P285)——惱 2(惱 P285)——惱 3(惱 P285)——惱 5(惱 P285)；惔 1(惔 P396)；慎 1(慎 P361)

4. 写作"大" 悴 2(悴 P70)

5. 写作"牛" 悵 1(悵 P44)；悟 1(悟 P433)

6. 写作"亻" 恰 1(恰 P317)；愜 3(愜 P324)

7. 写作"卜" 怖 1(怖 P32)

九三、"尃"：

1. 写作"専" 博 2(博 P29)——博 3(博 P29)——博 4(博 P29)——愽 7(博 P29)——博 8(博 P29)；傅 1(傅 P61)——傅 2(傅 P61)；縛 1(縛 P119)——縛 2(縛 P119)

2. 写作"専" 薄 1(薄 P30)——薄 3(薄 P30)；礴 1(礴 P30)；噂(噂 P30)——噂 2(噂 P30)

九四、"木"：

1. 写作"十" 幹 1(榦 P124)；樆 1(樆 P238)

2. 写作“小”　梨1(闍梨 P356)

3. 写作“尒”　燥1(燥 P535)——燥2(燥 P535)——燥4(燥 P535)；躁1(躁 P535)——躁3(躁 P536)——躁4(躁 P536)

4. 写作“歹”　朽2(朽 P462)；枯2(枯 P224)

5. 写作“丬”　深8(深 P359)

6. 写作“不”　榮3(榮 P340)

7. 写作“上”　隸1(隸 P240)——隸2(隸 P240)——隸3(隸 P240)——隸4(隸 P240)

8. 写作“礻”　机1(机 P172)——机2(机 P172)

9. 写作“术”　牀1(牀 P62)；休1(休 P460)——休2(休 P460)——休3(休 P461)

10. 写作“水”　深6(深 P359)

11. 写作“夲”　休4(休 P461)

九五、“曰”：

写作“田”　暑1(暑 P30)

九六、“冃”：

1. 写作“罒”　勗1(勗 P464)；冒2(冒 P267)

2. 写作“口”　勗2(勗 P464)

3. 写作“⺫”　冕4(冕 P274)

4. 写作“冖”　冕2(冕 P274)

5. 写作“田”　瑁1(瑁 P268)

九七、“束”：

1. 写作“夹”　勅1(勅 P54)——勅2(勅 P54)——勅3(勅 P54)

2. 写作“来”　勅4(勅 P54)——勅5(勅 P54)——勅6(勅 P54)

九八、“亩”：

1. 写作“面”　鄙3(鄙 P17)——鄙4(鄙 P17)；檀1(檀

P397)——擅2(檀 P397)——擅9(檀 P397);圖5(圖 P408)——圖6(圖 P408);氈1(氈 P540)

2. 写作“㐭” 稟1(稟 P28)——稟2(稟 P28)——稟3(稟 P28)

3. 写作“西” 擅2(擅 P354)

九九、“止”:

1. 写作“山” 步2(步 P32)——步3(步 P32);柴1(柴 P40);祡1(祡 P40);齒1(齒 P53);歷1(歷 P240);歲1(歲 P390)——歲2(歲 P390)——歲3(歲 P390);武1(武 P432);山1(止 P554)

2. 写作“𡿨” 趾1(趾 P554);歷2(歷 P240)——歷5(歷 P240);櫪1(櫪 P240);礰1(礰 P241)——礰2(礰 P241)

3. 写作“之” 超1(超 P44)——超2(超 P44);趁1(趁 P48)——趁2(趁 P48)——趁3(趁 P48);樅1(樅 P66);從1(從 P66)——從2(從 P67)——從3(從 P67)——從4(從 P67)——從5(從 P67)——從8(從 P67);距1(距 P212);蹶1(蹶 P216);起1(起 P315)——起3(起 P315)——起4(起 P315);起2(起 P315);蹌1(蹌 P394);足1(足 P575)——足2(足 P575)——足3(足 P575)

4. 写作“辶” 從6(從 P67)——從10(從 P67)——從12(從 P67)——從14(從 P67);趍1(趍 P68);蹙4(蹙 P69);捉1(捉 P569);趑1(趑 P571);走2(走 P575)——走4(走 P575);足5(足 P575)

5. 写作“乙” 起5(起 P315)

6. 写作“土” 徙2(徙 P440);屣2(屣 P441)

7. 写作“卜” 賦4(賦 P119)

8. 写作“正” 延1(延 P474)

一〇〇、“才”:

1. 写作“才” 才1(才 P33)——才2(才 P33)

2. 写作“扌” 才3(才 P33)

3. 写作"扌"　扌4(才 P33)；財1(财 P33)

4. 写作"扌"　財2(财 P33)

5. 写作"扌"　豺3(豺 P40)

一〇一、"衣"：

1. 写作"衤"　裁1(裁 P33)——裁2(裁 P33)

2. 写作"衣"　裁3(裁 P33)

3. 写作"衣"　哀5(哀 P1)

一〇二、"毚"：

1. 写作"毚"　纔1(纔 P33)——纔3(纔 P33)；讒2(讒 P41)

2. 写作"毚"　纔2(纔 P33)——纔4(纔 P33)；欃1(欃 P41)；饞1(馋 P41)；鑱1(镵 P42)

一〇三、"采"：

1. 写作"釆"　采1(采 P33)；採2(採 P33)——採3(採 P33)；婇1(婇 P34)——婇3(婇 P34)——婇4(婇 P34)；彩1(彩 P34)——彩2(彩 P34)；綵4(綵 P34)——綵5(綵 P34)

2. 写作"来"　採4(採 P33)

一〇四、"釆"：

1. 写作"米"　潘2(潘 P299)；釋2(釋 P370)——釋3(釋 P370)；悉12(悉 P437)——悉13(悉 P437)——悉1(悉 P437)

2. 写作"半"　悉1(悉 P436)——悉2(悉 P437)——悉3(悉 P437)——悉9(悉 P437)

3. 写作"术"　悉5(悉 P437)——悉7(悉 P437)——悉8(悉 P437)

4. 写作"米"　悉6(悉 P437)——悉10(悉 P437)——悉11(悉 P437)

5. 写作"釆"　悉4(悉 P437)

一〇五、"米"：

1. 写作"小"　暴3(暴 P12)——暴4(暴 P12)

2. 写作"小"　曝 1(曝 P310)；暴 2(暴 P12)

3. 写作"禾"　杭(杭 P204)

4. 写作"木"　竊 1(竊 P324)

5. 写作"釆"　竊 3(竊 P324)——竊 4(竊 P324)

6. 写作"耒"　竊 2(竊 P324)

一〇六、"臣"：

1. 写作"𠂤"　藏 1(藏 P36)；臧 1(臧 P533)——臧 2(臧 P533)；藏 1(藏 P534)；宦 2(宦 P163)

2. 写作"𦣝"　頤 1(頤 P493)——頤 2(頤 P493)

3. 写作"丞"　頤 3(頤 P493)

4. 写作"丞"　頤 4(頤 P493)

5. 写作"𦣞"　臣 5(臣 P47)；卧 5(卧 P428)

6. 写作"𦣞"　臣 6(臣 P47)

7. 写作"刂"　賢 2(賢 P447)——賢 3(賢 P447)——賢 4(賢 P447)；慳 2(慳 P318)；堅 3(堅 P184)

8. 写作"巨"　卧 2(卧 P428)——卧 4(卧 P428)

9. 写作"𦣞"　卧 6(卧 P428)

10. 写作"阝"　覽 2(覽 P232)

11. 写作"目"　覽 5(覽 P232)

12. 写作"𦣞"　堅 1(堅 P184)

13. 写作"阝"　堅 2(堅 P184)

14. 写作"土"　鹽 4(鹽 P476)——鹽 5(鹽 P476)

一〇七、"朿"：

1. 写作"宋"　策 1(策 P37)——策 2(策 P37)——策 3(策 P37)——策 4(策 P37)——策 5(策 P37)

2. 写作"来"　棗 1(棗 P535)——棗 4(棗 P535)——棗 5(棗 P535)；棘 1(棘 P177)

3. 写作"束"　僰 1(僰 P30)；棘 2(棘 P177)；棘 5(棘 P177)

4. 写作"夹"　刺 1(刺 P66)——刺 2(刺 P66)

一〇八、“今”：

1. 写作“亽”　岑 1(岑 P38)

2. 写作“亼”　貪 2(貪 P396)

3. 写作“佥”　貪 3(貪 P396)

4. 写作“亼”　念 1(念 P291)——念 3(念 P291)——念 5(念 P291)

5. 写作“仝”　念 2(念 P291)

6. 写作“今”　今 1(今 P199)

7. 写作“亼”　今 2(今 P199)

8. 写作“令”　矜 3(矜 P200)——矜 6(矜 P200)

一〇九、“臿”：

1. 写作“申”　插 1(插 P39)——插 2(插 P39)

2. 写作“臾”　插 3(插 P39)

3. 写作“甬”　插 4(插 P39)

4. 写作“臿”　歃 1(歃 P352)

一一〇、“工”：

1. 写作“匕”　差 1(差 P39)——差 2(差 P39)——差 5(差 P39)；左 3(左 P579)；佐 2(佐 P579)

2. 写作“乚”　差 3(差 P39)——差 4(差 P39)——差 6(差 P39)

3. 写作“日”　嗟 5(嗟 P195)

4. 写作“口”　懤 1(懤 57)；擣 1(擣 78)——擣 4(擣 78)

5. 写作“王”　空 1(空 P223)——空 7(空 P223)

6. 写作“マ”　左 4(左 P579)

7. 写作“土”　項 1(項 P450)；空 2(空 P223)——空 3(空 P223)——空 4(空 P223)——空 5(空 P223)；紅 1(红 P153)——紅 2(红 P153)

8. 写作“丶”　空 8(空 P223)——空 9(空 P223)

一一一、“穴”：

1. 写作“七”　空 8(空 P223)

2. 写作“七”　穵 9(空 P223)

——二、“多”:

1. 写作“夕”　𡖅 22(㝏 P39)

2. 写作“多”　移 1(移 P492)——移 2(移 P492)

3. 写作“吕”　移 3(移 P492)

4. 写作“幺”　私 6(移 P492)——私 7(移 P492)

5. 写作“多”　黟 1(黟 P493)

——三、“世”:

1. 写作“廿”　牒 1(牒 P39);慄(慄 P87);廿 14(世 P367);莱 6(葉 P488)

2. 写作“去”　膝 2(牒 P39);葉 4(葉 P488);媟 1(媟 P456);貰 1(貰 P370)

3. 写作“丗”　葉 2(葉 P488)——葉 3(葉 P488)

4. 写作“丗”　丗 4(世 P367);丗 9(世 P367)

5. 写作“㐂”　㐂 10(世 P367)——㐂 11(世 P367)

6. 写作“卅”　卅 12(世 P367)

7. 写作“丗”　丗 13(世 P367)

——四、“巾”:

1. 写作“忄”　憺 1(幨 P41);憣 1(幡 P106);悁 1(帽 P267);帔(帔 P302);怗 1(帖 P404);愇 1(幃 P422)——愇 2(幃 P422)——愇 3(幃 P422);怏 2(帙 P556);悵 1(帳 P543)——悵 2(帳 P543)——悵 3(帳 P543)

2. 写作“十”　𢂽 2(幡 P106);𫝀 2(帖 P404)——𫝀 3(帖 P404)

3. 写作“扌”　掁 4(帳 P543)

——五、“占”:

1. 写作“𠃌”　𫝀 2(帖 P404)——𫝀 3(帖 P404)

2. 写作“ム”　ナム 4(帖 P404)

一一六、“⺈”：

1. 写作“爫”　讕 1(讕 P43)；諂 5(諂 P43)——諂 7(諂 P43)——諂 3(諂 P43)——諂 5(諂 P43)

2. 写作“人”　諂 2(諂 P43)

一一七、“从”：

1. 写作“乆”　從 6(從 P67)——從 10(從 P67)——從 12(從 P67)——從 14(從 P67)——從 11(從 P67)；聡 1(聡 P380)；樅 1(樅 P573)；豵 1(豵 P573)；縱 2(縱 P574)——縱 3(縱 P574)——縱 4(縱 P574)

2. 写作“一”　檢 4(檢 P187)

3. 写作“灬”　檢 1(檢 P187)——檢 2(檢 P187)——檢 3(檢 P187)——檢 5(檢 P187)；蘞 1(蘞 P242)

4. 写作“十”　懺 2(懺 P43)——懺 4(懺 P43)；讖 1(讖 P48)；殲 1(殲 P185)；嚹 1(嚹 P185)；孅 1(孅 319)

一一八、“昜”：

1. 写作“豸”　腸 1(腸 P43)

2. 写作“易”　場 2(場 P44)

3. 写作“易”　暢 1(暢 P44)；揚 2(揚 P482)；楊 1(楊 P482)

一一九、“正”：

1. 写作“匸”　征 2(征 P550)——征 3(征 P550)

2. 写作“心”　整 1(整 P550)——整 3(整 P550)

3. 写作“止”　整 2(整 P550)

4. 写作“之”　定 1(定 P89)；是 1(是 P369)——是 6(是 P369)；掟 1(掟 P550)

5. 写作“之”　是 4(是 P369)——是 5(是 P369)

6. 写作“凡”　是 3(是 P369)

7. 写作“ㄜ”　題 2(題 P401)

8. 写作“七”　緹 1(緹 P401)

一二〇、“禾”：

1. 写作“木” 稻 3(P79)；柲 1(秘 P273)——柲 2(秘 P273)

2. 写作“阜” 隱 1(穩 P426)——隱 2(穩 P426)——隱 4(穩 P426)

3. 写作“示(礻)” 秦 2(秦 P325)——秦 3(秦 P325)；稱 3(稱 P48)——稱 7(稱 P49)；稷 1(稷 P181)——稷 2(稷 P181)；祕 3(秘 P273)

4. 写作“耒” 秤 3(秤 P52)

5. 写作“上” 年 4(年 P290)——年 6(年 P290)——年 7(年 P290)

6. 写作“千” 年 5(年 P290)

7. 写作“土” 年 9(年 P290)

8. 写作“而” 秊 10(年 P290)

一二一、“芻”：

1. 写作“当” 搊 1(搊 P56)

2. 写作“豈” 搊 2(搊 P56)——搊 3(搊 P56)

3. 写作“畱” 搊 5(搊 P56)——搊 6(搊 P56)；蒭 2(蒭 P58)；雛 1(雛 P58)；皺 3(皺 P562)

4. 写作“刍” 搊 7(搊 P56)；謅 1(謅 P45)

5. 写作“月” 縐 1(縐 P45)

6. 写作“刍” 皺 1(皺 P562)

7. 写作“刍” 鄒 1(鄒 P574)

8. 写作“刍” 鄒 2(鄒 P574)

一二二、“扁”：

1. 写作“扁” 蝙 1(蝙 P22)；鶣 2(鶣 P23)；遍 5(遍 P24)；偏 3(偏 P305)

2. 写作“畐” 遍 1(遍 P24)——遍 2(遍 P24)——遍 3(遍 P24)

3. 写作"扁"　偏 5(偏 P305)——偏 6(偏 P305);篇 1(篇 P305)——篇 2(篇 P305)

4. 写作"扁"　翩 1(翩 P305)

一二三、"戉":

1. 写作"伐"　鉞 1(鉞 P528);毯 1(毯 P528)

2. 写作"戍"　越 1(越 P528)

3. 写作"戊"　滅 1(滅 P469);滅 1(滅 P169)

一二四、"育":

1. 写作"青"　徹 3(徹 P45)——徹 6(徹 P46)——徹 7(徹 P46);撤 1(撤 P46);轍 1(轍 P546)

2. 写作"青"　徹 8(徹 P46)

一二五、"斥":

1. 写作"斥"　坼 5(坼 P46);訴 1(訴 P386)——訴 4(訴 P387)——訴 5(訴 P387);泝 1(泝 P387)

2. 写作"斤"　訴 6(訴 P387)

3. 写作"斥"　訴 2(訴 P386)

4. 写作"片"　訴 7(訴 P387)

5. 写作"斤"　訴 8(訴 P387)

一二六、"嘼":

1. 写作"單"　獸 12(獸 P373)

2. 写作"巢"　獸 7(獸 P373)

3. 写作"嘼"　獸 8(獸 P373)

一二七、"頁":

1. 写作"貞"　顯 1(顯 P447)

2. 写作"頁"　顯 2(顯 P447)

3. 写作"㇋"　須 4(须 P462)

一二八、"比":

1. 写作"灬"　塵 1(塵 P46)——塵 4(塵 P47)

2. 写作"化"　妣 1(妣 P16);紕 1(紕 P305)

3. 写作“比”　諧 1(谐 P455)

4. 写作“𠃊𠃊”　驪 1(驪 P239)；麗 1(麗 P240)；鹿 2(鹿 P256)；鏕 1(鏕 P257)

5. 写作“比”　鹿 1(鹿 P256)——鹿 4(鹿 P256)；簏 2(簏 P257)

6. 写作“从”　漉 3(漉 P256)

7. 写作“比”　漉 2(漉 P256)；蔍 1(蔍 P256)

一二九、“辰”：

1. 写作“辰”　辰 1(辰 P47)——辰 2(辰 P47)——辰 3(辰 P48)；晨 1(晨 P48)——晨 2(晨 P48)；脣 3(脣 P64)——脣 6(脣 P64)；農 2(農 P294)——農 4(農 P294)；膿 2(膿 P294)；醲 1(醲 P294)；振 5(振 P548)——振 6(振 P548)——振 7(振 P548)——振 8(振 P548)；賑 1(賑 P548)；震 3(震 P549)

2. 写作“辰”　震 2(震 P549)

3. 写作“辱”　辱 5(辱 P342)；褥 1(褥 P342)

一三〇、“冓”：

1. 写作“冓”　溝 1(溝 P131)

2. 写作“冓”　構 1(褠 P131)；韝 1(韝 P131)——韝 3(韝 P131)；媾 1(媾 P132)；構 1(構 P132)；遘 2(遘 P133)

3. 写作“冓”　溝 3(溝 P131)；構 2(構 P132)

4. 写作“冓”　搆 1(搆 P133)；遘 1(遘 P133)

5. 写作“冓”　遘 3(遘 P133)

6. 写作“冓”　溝 2(溝 P131)

一三一、“冉(冄)”：

1. 写作“冄”　聃 1(聃 P75)

2. 写作“冉”　聃 2(聃 P75)；那 2(那 P283)——那 3(那 P283)——那 6(那 P283)——那 7(那 P283)；誧 1(誧 P337)——誧 2(誧 P337)；冉 1(冉 P337)

3. 写作“冉”　苒 1(苒 P337)

4. 写作“冊”　𨚗 4(那 P283)

5. 写作“冉”　𨚗 5(那 P283)

6. 写作“井”　邦 8(那 P283)

7. 写作“身”　躯 9(那 P283)

一三二、“成”：

1. 写作“戊”　成 3(成 P49)——成 4(成 P49)

2. 写作“戊”　成 5(成 P49)——成 6(成 P49)——成 7(成 P49)——成 8(成 P49)；城 1(城 P49)；誠 1(诚 P50)

一三三、“竹”：

1. 写作“⺍”　荅 1(答 P52)；荅 1(答 P72)——荅 2(答 P72)——荅 3(答 P72)；苻 1(符 P117)——苻 2(符 P117)；蕳 2(简 P187)——蕳 5(简 P187)；蘥 6(籥 P527)

2. 写作“艹”　䒥 1(簋 P70)；苐 1(第 P83)——苐 2(第 P83)——苐 3(第 P83)；蔦 3(篤 P91)——蔦 4(篤 P91)；范 1(範 P108)；弃 1(笄 P173)；莖 1(箜 P223)；莚 5(筵 P476)；藆 1(纂 P576)

3. 写作“业”　等 1(等 P80)

4. 写作“丷”　笙 1(笙 P361)

一三四、“氐”：

1. 写作“互”　鴟 4(鴟 P52)——鴟 5(鴟 P52)；坻 1(坻 P53)；底 1(底 P81)；低 1(低 P80)——低 4(低 P81)——低 6(低 P81)；抵 3(抵 P82)；邸 1(邸 P82)；胝 1(胝 P82)；䏻 1(胝 P82)；祇 1(祇 P552)——祇 2(祇 P552)——祇 3(祇 P552)——祇 5(祇 P552)；胝 1(胝 P553)

2. 写作“㞢”　抵 1(抵 P82)；詆 1(诋 P82)

3. 写作“亙”　抵 4(抵 P82)

4. 写作“丘”　邱 2(邸 P82)

一三五、“互”：

1. 写作“乐”　乐 6(互 P159)——乐 7(互 P159)

2. 写作“亙” 亙 3(互 P158)

3. 写作“彑” 彑 5(互 P159)

4. 写作“号” 号 1(互 P158)——号 2(互 P158)

一三六、“虒”：

1. 写作“虎” 篪 1(篪 P53)

2. 写作“帶” 遰 2(遞 P83)

一三七、“支”：

1. 写作“支” 翅 1(翅 P54)

2. 写作“麦” 翅 2(翅 P54)

3. 写作“走” 翅 3(翅 P55)

4. 写作“皮” 鼕 1(鼕 P89)；鼓 1(鼓 P134)——鼓 3(鼓 P134)——鼓 4(鼓 P134)；瞽 2(瞽 P134)；鼗 1(鼗 P400)；鼙 1(鼙 P400)

5. 写作“夾” 夾 2(支 P551)

6. 写作“叉” 鼙 1(鼙 P304)

一三八、“充”：

1. 写作“充” 充 1(充 P55)

2. 写作“充” 充 2(充 P55)

3. 写作“充” 充 3(充 P55)

4. 写作“充” 統(统 P407)

一三九、“山”：

1. 写作“止” 崇 3(崇 P56)

2. 写作“山” 崇 2(崇 P56)

一四〇、“酉”：

1. 写作“百” 醜 4(醜 P57)——醜 5(醜 P57)

2. 写作“西” 醒 1(醒 P459)

3. 写作“氵” 覆 1(覆 P388)

4. 写作“百” 醇 1(醇 P340)

5. 写作“百” 酷 3(酷 P225)

一四一、"酋"：

1. 写作"首"　鄭 1(鄭 P551)；猶 1(猶 P510)——猶 2(猶 P510)；輶 1(輶 P510)

2. 写作"西"　猷 2(猷 P510)

一四二、"鬼"：

1. 写作"鬼"　醜 1(醜 P57)——醜 2(醜 P57)——醜 3(醜 P57)；傀 1(傀 P229)

2. 写作"鬼"　魈(魈 P350)；魁 1(魁 P228)；愧 1(愧 P229)

3. 写作"鬼"　愧 2(愧 P229)，愧 3(愧 P229)；餽 2(餽 P229)

一四三、"夭"：

1. 写作"犬"　笑 8(笑 P453)

2. 写作"犬"　笑 9(笑 P453)

3. 写作"夭"　沃 1(沃 P427)——沃 2(沃 P427)；夭 1(夭 P484)——夭 2(夭 P484)；妖 1(妖 P484)——妖 2(妖 P484)——妖 3(妖 P484)；訞 1(訞 P484)

4. 写作"夭"　祆 4(妖 P484)——妖 5(妖 P484)

5. 写作"大"　喬 4(喬 P323)

一四四、"于"：

写作"亏"　⿰扌咢 2(⿰扌咢 P58)；諤 1(諤 P102)；愕 2(愕 P102)——愕 4(愕 P102)；跨 2(跨 P226)；污 2(污 P429)；扝 1(扝 P429)

一四五、"亏"：

1. 写作"亏"　虧 1(虧 P228)

2. 写作"亏"　虧 3(虧 P228)——虧 5(虧 P228)

3. 写作"亏"　虧 2(虧 P228)

4. 写作"丂"　虧 4(虧 P228)

一四六、"亐"：

1. 写作"丂"　愕 1(愕 P102)；蕚 1(蕚 P102)——蕚 2(蕚

P102)——萼 3(萼 P102)

2. 写作"干" 愕 3(愕 P102);逆 7(逆 P289)

3. 写作"羊" 掘 8(掘 P215);厥 4(厥 P216);逆 2(逆 P289)——逆 3(逆 P289)——逆 4(逆 P289)——逆 5(逆 P289)

4. 写作"羊" 厥 2(厥 P216);闕 1(阙 P333)——闕 2(阙 P333)

5. 写作"丰" 厥 3(厥 P216)

6. 写作"丰" 闕 3(阙 P334)

7. 写作"半" 闕 4(阙 P334)

8. 写作"圭" 闕 5(阙 P334)

9. 写作"手" 朔 1(朔 P381);槊 2(槊 P381);塑 1(塑 P387)

一四七、"刂":

1. 写作"刃" 劍 5(劍 P188)

2. 写作"刃" 劍 6(劍 P188)

3. 写作"刅" 劍 7(劍 P188)

一四八、"害":

1. 写作"害" 割 1——割 2(割 P127);割 4——割 5(割 P127);害 1(害 P146)——害 2(害 P146)——害 3(害 P146)

2. 写作"害" 害 5(害 P146)——害 6(害 P146)——害 7(害 P146)——害 8(害 P146)——害 11(害 P146);豁 1(豁 P169)——豁 2(豁 P169);鎋 2(鎋 P446)——轄 3(轄 P446)

3. 写作"害" 害 4(害 P146)

4. 写作"害" 害 10(害 P146)

5. 写作"害" 害 9(害 P146)

6. 写作"害" 鎋 1(鎋 P446)

7. 写作"害" 豁 3(豁 P169)

8. 写作"害" 割 3(割 P127)

一四九、"足":

1. 写作"⻊" 跪 1(跪 P142)——跪 4(跪 P142);蹦 1(蹦

P157)

2. 写作"吕"　躍 2(躍 P527)

3. 写作"吕"　露 1(露 P256);路 1(路 P256)

4. 写作"吕"　路 2(路 P256)

一五〇、"雚":

1. 写作"雚"　觀 2(觀 P137)——觀 3(觀 P137);歡 5(歡 P161)

2. 写作"雚"　觀 6(觀 P138)——觀 7(觀 P138);歡 7(歡 P161);懽 4(懽 P162)——懽 1(懽 P162)

3. 写作"雚"　歡 1(歡 P161)——歡 4(歡 P161)

4. 写作"雚"　歡 6(歡 P161)

5. 写作"雚"　歡 9(歡 P161);懽 3(懽 P162)

6. 写作"雚"　懽 2(懽 P162)

一五一、"鬲":

1. 写作"鬲"　鬲 1(鬲 P128)

2. 写作"鬲"　隔 2(隔 P128)——隔 5(隔 P128)

3. 写作"鬲"　隔 1(隔 P128)

4. 写作"鬲"　隔 3(隔 P128)

5. 写作"鬲"　隔 2(隔 P128)

一五二、"各":

1. 写作"合"　閣 1(閣 P128)

2. 写作"各"　賂 1(賂 P256);洛 1(洛 P261)

3. 写作"乇"　駱 1(骆 P261)

一五三、"亥":

1. 写作"亥"　垓 1(垓 P122);孩 3(孩 P145);骸 2(骸 P145)

2. 写作"亥"　欬 1(欬 P218)——欬 2(欬 P218);刻 2(刻 P221)——刻 3(刻 P221);駭 1(駭 P146);骸 1(骸 P145)

3. 写作"亥"　頦 1(頦 P221)

4. 写作"亥"　孩 1(孩 P145)

5. 写作“亥” 孩 2(孩 P145)

一五四、“复”：

1. 写作“复” 腹 1(腹 P120)——腹 3(腹 P120)；復 6(復 P120)——復 7(復 P120)；馥(馥 P121)

2. 写作“复” 復 1(復 P120)——復 2(復 P120)

3. 写作“复” 腹 4(腹 P120)；復 8(復 P120)——復 9(復 P120)

4. 写作“复” 腹 5(腹 P120)；復 10(復 P120)；覆 8(覆 P120)

一五五、“乞”：

1. 写作“乞” 吃 1(吃 P172)

2. 写作“乞” 刉 1(刉 P174)

一五六、“桼”：

1. 写作“桼” 漆 1(漆 P311)

2. 写作“桼” 漆 2(漆 P311)

3. 写作“桼” 漆 3(漆 P312)

4. 写作“桼” 漆 4(漆 P312)

5. 写作“來” 淶 5(漆 P312)

6. 写作“来” 涞 7(漆 P312)；膝 1(膝 P439)——膝 6(膝 P439)

一五七、“其”：

1. 写作“其” 期 1(期 P311)

2. 写作“其” 期 2(期 P311)

3. 写作“开” 开 1(其 P313)

4. 写作“其” 其 2(其 P313)

5. 写作“其” 其 3(其 P313)

6. 写作“其” 其 4(其 P313)

7. 写作“全” 旗 1(旗 P313)

一五八、“民”：

1. 写作“氏” 呡 1(呡 P271)；泯 1(泯 P277)；緡 1(緡 P277)

(避讳字)

2. 写作"民"　眠 1(眠 P273)——眠 2(眠 P273)

3. 写作"艮"　眼 3(眠 P273)

4. 写作"艮"　眼 4(眠 P273);根 1(抿 P277)

5. 写作"𠃊"　𠃊 6(民 P276)(避讳字)

6. 写作"𠃊"　𠃊 7(民 P276)(避讳字)

7. 写作"巳"　巳 8(民 P276)(避讳字)

8. 写作"巳"　巳 9(民 P276)(避讳字)

9. 写作"乙"　愍 2(愍 P277)(避讳字)

一五九、"余":

1. 写作"余"　除 2(除 P58);塗 3(塗 P409)——塗 4(塗 P409)——塗 6(塗 P409)——塗 10(塗 P409);途 9(途 P409)

2. 写作"佘"　餘 2(餘 P514)

3. 写作"余"　塗 2(塗 P409)

4. 写作"佘"　荼 1(荼 P409)

5. 写作"未"　賒 1(赊 P355)

一六〇、"牛":

1. 写作"扌"　觧 3(觸 P60)——觧 4(觸 P60)——觧 5(觸 P60)——觧 7(觸 P60)

2. 写作"扌"　物 3(物 P433)——物 4(物 P433);惣 5(總 P574)——惣 6(總 P574)——惣 7(總 P574)——惣 8(總 P574)

3. 写作"午"　牢 3(牢 P233)——牢 4(牢 P233)

4. 写作"丬"　物 1(物 P433)——物 2(物 P433);惣 9(總 P574)——惣 10(總 P574)

5. 写作"手"　牽 1(牽 P318)——牽 7(牽 P318)

一六一、"爿":

1. 写作"扌"　装 1(裝 P567)

2. 写作"冫"　装 3(裝 P567)

3. 写作"牛"　牀 2(牀 P62)——牀 4(牀 P62);牸 1(牸

P321)；墙 3(牆 P322)；寤 3(寣 P434)；壮 5(壯 P568)；状 3(狀 P569)——状 5(狀 P569)；

4. 写作"犭" 狱 3(牀 P62)

5. 写作"土" 墻 1(牆 P322)——墻 2(牆 322)——墙 7(牆 P322)——墙 8(牆 P322)

6. 写作"忄" 寤 1(寣 P434)

一六二、"㕣"：

写作"公" 舩 1(船 P61)——舩 2(船 P61)——舩 3(船 P61)

一六三、"象"：

1. 写作"豕" 椽 1(橡 P61)——椽 2(橡 P61)

2. 写作"彖" 蠡 4(蠡 P239)

一六四、"刅"：

1. 写作"刂" 剏 2(創 P62)

2. 写作"刃" 梁 1(梁 P243)——梁 2(梁 P243)

一六五、"垂"：

1. 写作"垂" 埀 1(垂 P62)——垂 7(垂 P63)；棰 1(棰 P63)——捶 1(捶 P63)；睡 1(睡 P380)——睡 2(睡 P380)——睡 3(睡 P380)

2. 写作"垂" 睡 4(睡 P380)——睡 6(睡 P380)——睡 8(睡 P380)

3. 写作"垂" 睡 5(睡 P380)

一六六、"屯"：

1. 写作"乇" 純 1(純 P63)——純 2(純 P63)——純 3(純 P63)——純 4(純 P63)——純 5(純 P63)；鈍 1(鈍 P95)；乇 1(屯 P411)

2. 写作"乇" 紝 6(純 P63)；黗 1(黗 P96)

3. 写作"乇" 紝 7(純 P63)；莼 2(莼 P63)；鈍 2(鈍 P95)；肫 3(豚 P411)；飩 1(飩 P411)

4. 写作“乇” 鈍 3(鈍 P95)

5. 写作“屯” 迍 1(迍 P579)

6. 写作“乇” 窀 1(窀 P569)

7. 写作“屯” 頓 2(頓 P95)——頓 3(頓 P96)——頓 5(頓 P96)——頓 6(頓 P96)

8. 写作“屯” 頓 1(頓 P95)

9. 写作“屯” 頓 4(頓 P96)

10. 写作“屯” 頓 7(頓 P96)

11. 写作“屯” 頓 8(頓 P96)

一六七、“司”：

1. 写作“司” 司 1(司 P382)——司 2(司 P382)

2. 写作“司” 司 3(司 P382)

一六八、“貝”：

1. 写作“是” 賜 4(賜 P66)

2. 写作“且” 價 1(價 P184)

3. 写作“日” 嬰 5(嬰 P503)；纓 1(纓 P503)

4. 写作“里” 犢 1(犢 P91)

5. 写作“夕” 實 6(實 P366)

6. 写作“目” 嚶 1(嚶 P503)；瓔 3(瓔 P504)

一六九、“卒”：

1. 写作“卆” 卆 1(卒 P68)；卆 3(卒 P575)；醉 1(醉 P578)

2. 写作“卆” 卆 2(卒 P68)；萃 1(萃 P70)——萃 2(萃 P70)；悴 1(悴 P70)——悴 2(悴 P70)；翠 1(翠 P70)——翠 2(翠 P70)；碎 1(碎 P391)——碎 3(碎 P391)——碎 4(碎 P391)——碎 5(碎 P391)；卒 2(卒 P575)——卒 4(卒 P575)；醉 2(醉 P578)——醉 3(醉 P578)——醉 4(醉 P578)

3. 写作“卒” 卒 3(卒 P68)

4. 写作“卒” 崒 1(崒 P575)

5. 写作“卒” 碎 2(碎 P391)

6. 写作“卒” 碎 6(碎 P391)

7. 写作“伞” 捽 1(捽 P579)

一七〇、“京”：

1. 写作“亨” 噈 1(噈 P68)；蹴 2(蹴 P69)；就 1(就 P208)——就 2(就 P208)；噈 1(噈 P576)

2. 写作“享” 蹴 1(蹴 P69)

3. 写作“亨” 就 10(就 P208)——就 13(就 P208)

4. 写作“京” 京 3(京 P203)

5. 写作“京” 京 1(京 P203)——京 2(京 P203)

一七一、“叔”：

1. 写作“叔” 踧 1(踧 P69)

2. 写作“叔” 寂 1(寂 P181)

3. 写作“叔” 寂 2(寂 P181)

4. 写作“叔” 椒 1(椒 P192)

5. 写作“叔” 椒 2(椒 P192)

6. 写作“叔” 督 1(督 P91)

7. 写作“叔” 督 2(督 P91)

一七二、“豖”：

1. 写作“豕” 豚 4(豚 P411)

2. 写作“豕” 摅 1(摅 P212)——摅 5(摅 P212)

3. 写作“豕” 摅 2(摅 P212)——摅 3(摅 P212)

一七三、“先”：

1. 写作“夫” 攒 1(攒 P69)；𡽫(𡽫 P69)；讃 6(讃 P533)；鑽 1(鑽 P576)；纘 1(纘 P576)；鑽 1(鑽 P577)

2. 写作“天” 讃 7(讃 P533)——讃 8(讃 P533)

3. 写作“大” 讃 9(讃 P533)

一七四、“卩”：

1. 写作“巳” 厄 1(厄 P100)——厄 6(厄 P100)；氾 1(氾 P107)——氾 2(氾 P107)；範 1(範 P108)——範 3(範 P108)；范 1

(范 P108);巻 8(卷 P213);絶 1(绝 P214)——絶 2(绝 P214);色 2(色 P350)——色 3(色 P350)——色 4(色 P350)——色 5(色 P350)——色 6(色 P350);邑 1(邑 P496)——邑 2(邑 P496);邕 2(邕 P508)

2. 写作"已"　厄 2(厄 P100)——厄 3(厄 P100)——厄 4(厄 P100);犯 2(犯 P107);范 1(範 P108)

3. 写作"几"　範 2(範 P108)

4. 写作"弓"　卷 5(卷 P213)

5. 写作"㇂"　卷 6(卷 P213);倦 2(倦 P213)

6. 写作"邑"　即 1(即 P175)——即 2(即 P175)——即 4(即 P175)——即 5(即 P175)

7. 写作"卩"　即 10(即 P175)

一七五、"夋":

1. 写作"夋"　俊 5(俊 P217);誜 1(誜 P378);酸 1(酸 P388);痠 1(痠 P388)

2. 写作"夊"　焌 1(焌 P334)——焌 1(焌 P334);皴 1(皴 P71)

3. 写作"夯"　唆 1(唆 P392)

一七六、"开":

写作"井"　開 3(開 P218)——開 5(開 P218)——开 6(開 P218)

一七七、"靣":

写作"亩"　羶 1(羶 P353);檀 3(檀 P397)——檀 5(檀 P397)——檀 6(檀 P397)

一七八、"丂":

写作"丁"　考 2(考 P219)——考 3(考 P220)——考 4(考 P220)——考 5(考 P220);拷 1(拷 P220)——拷 2(拷 P220);栲 1(栲 P220)

一七九、“邑”：

1. 写作“[illegible]” 郎 1(郎 P232)
2. 写作“[illegible]” 郎 2(郎 P233)
3. 写作“卩” 鄧 1(鄧 P80)；卯 2(鄉 P449)
4. 写作“土” 郛 1(郛 P117)——郛 2(郛 P117)
5. 写作“巳” 那 3(那 P283)
6. 写作“[illegible]” 那 2(那 P283)
7. 写作“[illegible]” 鄰 8(鄰 P247)
8. 写作“[illegible]” 鄰 9(鄰 P247)

一八〇、“丯”：

写作“手” 邦 1(邦 P10)——邦 2(邦 P10)

一八一、“离”：

1. 写作“[illegible]” 離 1(離 P237)
2. 写作“禹” 離 2(離 P237)——離 5(離 P238)——離 9(離 P238)——離 13(離 P238)
3. 写作“[illegible]” 離 10(離 P238)
4. 写作“[illegible]” 離 14(離 P238)

一八二、“斤”：

1. 写作“片” 析 9(析 P436)；淅 1(淅 P437)；折 3(折 P545)
2. 写作“[illegible]” 近 1(近 P202)——近 2(近 P202)——近 5(近 P202)
3. 写作“[illegible]” 近 3(近 P202)
4. 写作“[illegible]” 近 4(近 P202)——近 6(近 P202)
5. 写作“[illegible]” 近 7(近 P202)
6. 写作“[illegible]” 暫 3(暫 P533)
7. 写作“[illegible]” 析 2(析 P436)
8. 写作“[illegible]” 析 3(析 P436)——析 5(析 P436)——析 7(析 P436)
9. 写作“[illegible]” 析 4(析 P436)

10. 写作"飞"　所 3(所 P392)

11. 写作"乙"　所 4(所 P392)

12. 写作"个"　所 14(所 P392)

13. 写作"忻"　誓 2(誓 P370)

一八三、"差"：

1. 写作"差"　差 1(差 P39)——差 2(差 P39)——差 5(差 P39)

2. 写作"差"　差 3(差 P39)——差 4(差 P39)——差 6(差 P39)

一八四、"斗"：

1. 写作"什"　什 10(斗 P90)——斗 1(斗 P90)——斗 2(斗 P90)——斗 4(斗 P90)；科 3(科 P220)；斛 2(斛 P157)——斛 3(斛 P157)

2. 写作"升"　升 5(斗 P90)

3. 写作"升"　升 6(斗 P90)；科 1(科 P220)；斜 1(斜 P455)；魁 2(魁 P228)

4. 写作"斗"　斡 2(斡 P428)

5. 写作"斗"　斛 1(斛 P157)；科 2(科 P220)

6. 写作"斗"　科 4(科 P221)——科 5(科 P221)；料 2(料 P246)

7. 写作"十"　料 1(料 P246)

一八五、"豆"：

1. 写作"豆"　餖 1(餖 P90)

2. 写作"业"　戲 1(戲 P442)——戲 5(戲 P443)——戲 8(戲 P443)

3. 写作"丘"　戲(戲 P443)

4. 写作"臣"　頭 3(頭 P408)

5. 写作"立"　豎 2(豎 P376)

6. 写作"豆"　豈(豈 P314)

7. 写作"豆" 豈 2(豈 P314)

8. 写作"豆" 豈 3(豈 P314)——豈 4(豈 P314)

9. 写作"巨" 短 6(短 P93)

一八六、"虫":

1. 写作"ㄈ" 獨 5(獨 P91)

2. 写作"厶" 燭 3(燭 P563)——燭 4(燭 P563)

3. 写作"本" 雖 1(雖 P389)——雖 2(雖 P389)

4. 写作"虫" 雖 10(雖 P389)

一八七、"矢":

1. 写作"失" 短 3(短 P93)

2. 写作"夫" 侯 1(侯 P154)——侯 3(侯 P154)——侯 4(侯 P154);猴 1(猴 P154);睺 1(睺 P154)——睺 2(睺 P154)——睺 4(睺 P154);糇 1(糇 P155);候 1(候 P155)——候 3(候 P156);候 2(候 P156)——候 6(候 P156)——候 7(候 P156)——候 5(候 P156)——候 4(候 P156);矣 1(矣 P494)——矣 2(矣 P494);知 2(知 P552);族 2(族 P575)——族 3(族 P575)——族 5(族 P575)

3. 写作"天" 侯 3(侯 P154);擬 2(擬 P288)——擬 3(擬 P288);疑 4(疑 P493)——疑 5(疑 P493)——疑 8(疑 P493)

一八八、"夕":

1. 写作"夕" 多 1(多 P96);多 3(多 P96)

2. 写作"夂" 多 4(多 P96)——多 6(多 P96)——多 5(多 P96)——多 7(多 P96)

3. 写作"刀" 多 8(多 P96)——多 9(多 P96)

4. 写作"歹" 外 5(外 P415)

一八九、"惡":

1. 写作"悪" 惡 3(惡 P100)——惡 4(惡 P100)

2. 写作"惡" 惡 9(惡 P100)——惡 10(惡 P101)——惡 11(惡 P101)——惡 12(惡 P101)——惡 13(惡 P101)——惡 14(惡

P101)——恶 15(惡 P101)——恵 16(惡 P101)——亞 17(惡 P101)——恵 18(惡 P101)——惡 20(惡 P101)

3. 写作“德”　德 24(惡 P101)

4. 写作“悪”　悪 5(惡 P101)——悪 28(惡 P101)

5. 写作“慝”　慝 23(惡 P101)——慝 26(惡 P101)

一九〇、“因”：

1. 写作“目”　恩 3(恩 P102)

2. 写作“且”　恩 4(恩 P102)；因 7(因 P500)

一九一、“癶”：

1. 写作“北”　發 2(發 P104)——發 3(發 P104)

2. 写作“业”　發 10(發 P104)——發 12(發 P104)；廢 2(廢 P110)

3. 写作“艹”　廢 1(廢 P110)

一九二、“弓”：

1. 写作“㇉”　發 10(發 P104)——發 12(發 P104)——發 4(發 P104)

2. 写作“吕”　躬 1(躬 P130)——躬 2(躬 P130)

3. 写作“丿”　張 5(張 P542)；強 2(強 P322)

4. 写作“丿”　張 6(張 P542)

5. 写作“弓”　彊 1(彊 P321)

6. 写作“弓”　潑 1(潑 P307)

一九三、“凡”：

1. 写作“凡”　凡 1(凡 P106)——凡 2(凡 P106)——凡 3(凡 P106)——凡 4(凡 P106)——凡 5(凡 P106)——凡 7(凡 P106)；恐 5(恐 P223)

2. 写作“九”　九 8(凡 P106)

3. 写作“凡”　凡 10(凡 P106)

4. 写作“几”　梵 2(梵 P108)——梵 3(梵 P108)——梵 4(梵 P108)；羸 1(羸 P235)——羸 4(羸 P235)——羸 5(羸 P235)；羸 1

(羸 P505)；築 1(築 P566)

一九四、"巩"：

1. 写作"巳"　㤟 3(恐 P223)

2. 写作"凡"　恐(恐 P223)

3. 写作"丮"　埶 5(勢 P368)——埶 6(勢 P368)

4. 写作"凡"　執 1(執 P553)；孰 1(孰 P375)——孰 2(孰 P375)

5. 写作"口"　恐 1(恐 P223)——恐 2(恐 P223)；築 2(築 P566)——築 4(築 P566)

一九五、"風"：

1. 写作"凬"　凬 3(風 P112)；諷 3(諷 P113)

2. 写作"凮"　凮 4(風 P112)

3. 写作"凨"　凨 5(風 P112)——凨 6(風 P113)

4. 写作"凮"　凮 2(風 P113)

5. 写作"凡"　訊 2(諷 P113)

一九六、"夆"：

1. 写作"夅"　逄 2(逢 P113)——逄 3(逢 P113)——逄 4(逢 P113)

2. 写作"夆"　逢 1(逢 P113)

一九七、"弗"：

1. 写作"弗"　佛 4(佛 P114)——佛 5(佛 P114)

2. 写作"弗"　佛 7(佛 P114)——佛 8(佛 P114)——佛 9(佛 P114)

3. 写作"仏"　仏 13(佛 P114)——仏 14(佛 P114)——仏 15(佛 P114)

一九八、"分"(平声)：

1. 写作"分"　分 1(分 P110)——分 2(分 P110)

2. 写作"分"　分 3(分 P110)——分 4(分 P110)；忿 1(忿 P112)——忿 2(忿 P112)；盆 5(盆 P302)

3. 写作"亣"　瓮 3(盆 P302)

"分"(去声):

1. 写作"分"　分 1(分 P112)

2. 写作"尒"　尒 2(分 P112)

3. 写作"合"　合 3(分 P112)

一九九、"卞":

1. 写作"弁"　飰 5(飯 P108)

2. 写作"卞"　飰 7(飯 P108)——飰 9(飯 P108)

3. 写作"卞"　飰 8(飯 P108)

二〇〇、"甹":

1. 写作"甹"　騁 1(騁 P51)——騁 2(騁 P51);娉 2(聘 P306)

2. 写作"央"　駚 3(騁 P51)

二〇一、"丐":

1. 写作"丐"　丐 1(丐 P122)

2. 写作"丏"　丏 2(丐 P122)

3. 写作"丏"　丏 3(丐 P122)

二〇二、"巴":

1. 写作"巳"　肥 1(肥 P109)——肥 2(肥 P109);扈 1(扈 P159);絶 1(绝 P214)——絶 2(绝 P214);色 2(色 P350)——色 3(色 P350)——色 4(色 P350)——色 5(色 P350)——色 6(色 P350);邑 1(邑 P496)——邑 2(邑 P496);邕 2(邕 P508)

2. 写作"巳"　肥(肥 P109)

二〇三、"方":

1. 写作"丬"　於 3(於 P513)——於 5(於 P513)

2. 写作"礻"　施 5(施 P365);遊 1(遊 P510)

3. 写作"市"　餝 4(飾 P368)——餝 5(飾 P368)

4. 写作"扌"　扵 1(於 P513)——扵 2(於 P513)——扵 7(於 P513);遊 3(遊 P510)——遊 4(遊 P510)

5. 写作"万"　髣 1(髣 P108)——髣 2(髣 P108);微 1(微

P194)

二〇四、“𢀖”：

写作“𢀖” 熬 1(熬 P5)——熬 2(熬 P5);傲 2(傲 P5)

二〇五、“黑”：

写作“里” 黯(黯 P5);黨 3(黨 P77);儻 2(儻 P399);黮 1(黮 P541)

二〇六、“菐”：

1. 写作“莫” 襆 1(襆 P116);撲 3(撲 P308);璞 1(璞 P308)
2. 写作“業” 幞 1(幞 P116)
3. 写作“丵” 樸 1(樸 P309)——樸 2(樸 P309)
4. 写作“業” 撲(撲 P308)

二〇七、“𠬝”：

1. 作“𠬝” 服 1(服 P116)——服 3(服 P116)
2. 作“攵” 服 4(服 P116)
3. 作“民” 服(服 P116)
4. 作“艮” 服 6(服 P116)——服 7(服 P116)——服 8(服 P116)

二〇八、“畐”：

1. 写作“畐” 福 2(福 P117);副(副 P119)
2. 写作“前” 福 3(福 P117)
3. 写作“由” 福 4(福 P117);富 8(富 P119)——富 10(富 P119)——富 11(富 P119)
4. 写作“多” 福 5(福 P117)

二〇九、“冈”：

1. 写作“罡” 罡 1(岡 P124);鋼 1(鋼 P125)
2. 写作“罡” 剛 1(剛 P125)——剛 2(剛 P124)——剛 4(剛 P124)——剛 1(剛 P124)——剛 5(剛 P124);綱 2(綱 P125)——綱 4(綱 P125)
3. 写作“罔” 剛 5(剛 P125)

二一〇、"門"：

1. 写作"门"　閣1(閣 P128)——閣2(閣 P128)

2. 写作"门"　間2(間 P185)

3. 写作"门"　間3(間 P185)，门6(门 P270)

4. 写作"丁"　間4(間 P185)；简7(简 P187)；開6(開 P218)；丁7(门 P270)——丁8(门 P270)

5. 写作"冂"　聞5(聞 P425)

6. 写作"门"　门3(门 P270)

二一一、"乍"：

1. 写作"乍"　昨1(昨 P579)；作2(作 P579)

2. 写作"乍"　作3(作 P579)——作4(作 P580)

3. 写作"主"　作5(作 P580)

4. 写作"乍"　詐1(詐 P539)

二一二、"寸"：

写作"口"　導2(導 P77)

二一三、"艮"：

1. 写作"艮"　根1(根 P128)——根2(根 P129)——根3(根 P129)

2. 写作"艮"　根4(根 P129)

3. 写作"艮"　腿1(腿 P410)；退2(退 P410)——退3(退 P411)

4. 写作"艮"　退1(退 P410)

二一四、"耒"：

1. 写作"禾"　耕1(耕 P129)——耕2(耕 P129)——耕4(耕 P129)——耕5(耕 P129)；耗1(耗 P150)——耗3(耗 P150)；籍1(籍 P176)——籍2(籍 P176)；藉1(藉 P176)——藉2(藉 P199)；耜2(耜 P384)

2. 写作"耒"　耕3(耕 P129)

二一五、“后”：

1. 写作“后” 垢 1(垢 P132)
2. 写作“后” 垢 3(垢 P132)——垢 2(垢 P132)

二一六、“辛”：

1. 写作“辛” 辜 3(辜 P133)
2. 写作“手” 辜 4(辜 P133)——辜 5(辜 P133)
3. 写作“亲” 辣 1(辣 P230)

二一七、“咼”：

1. 写作“咼” 騧 1(騧 P135)
2. 写作“骨” 禍 1(禍 P170)
3. 写作“咼” 禍 2(禍 P170)

二一八、“圣”：

1. 写作“在” 怪 1(怪 P137)——怪 2(怪 P136)
2. 写作“左” 怪 3(怪 P137)
3. 写作“在” 怪 6(怪 P137)——怪 7(怪 P137)——怪 8(怪 P137)

二一九、“自”：

1. 写作“阝” 歸 6(歸 P139)——歸 7(歸 P139)——歸 8(歸 P139)
2. 写作“𠂤” 歸 9(歸 P139)——歸 15(歸 P140)
3. 写作“𠂤” 歸 12(歸 P140)
4. 写作“止” 歸 14(歸 P140)——歸 17(歸 P140)——歸 19(歸 P140)
5. 写作“月” 歸 20(歸 P140)
6. 写作“刂” 師 15(師 P364)——師 16(師 P364)
7. 写作“目” 師 1(師 P364)
8. 写作“户” 師 2(師 P364)——師 3(師 P364)——師 4(師 P364)
9. 写作“尸” 師 5(師 P364)

二二〇、“圭”：

1. 写作“圭”　圭 1(圭 P141)；閨 1(閨 P141)；珪 1(珪 P141)——珪 2(珪 P141)；桂 1(桂 P142)

2. 写作“圭”　邽 1(邽 P141)

3. 写作“圭”　恚 1(恚 P168)

二二一、“亢”：

1. 写作“冗”　航 1(航 P149)；沆 1(沆 P149)

2. 写作“亢”　亢 2(亢 P219)——亢 3(亢 P219)；抗 2(抗 P219)——抗 4(抗 P219)

3. 写作“亢”　抗 3(抗 P219)

二二二、“秝”：

1. 写作“林”　歷 1(歷 P240)

2. 写作“林”　歷 2(歷 P240)——歷 5(歷 P240)；櫪 1(櫪 P240)；曆 2(曆 P241)；礰 1(礰 P241)——礰 2(礰 P241)

二二三、“廉”：

1. 写作“兼”　鐮 1(鐮 P242)

2. 写作“兼”　簾 1(簾 P242)

二二四、“瓦”：

1. 写作“兀”　甍 1(甍 P271)；瓶 2(瓶 P306)；瓦 3(瓦 P414)

2. 写作“瓦”　瓦 4(瓦 P414)

3. 写作“瓦”　瓶 1(瓶 P306)——瓶 3(瓶 P306)

二二五、“矛”：

1. 写作“号”　務 3(務 P432)

2. 写作“矛”　矜 9(矜 P200)；務 2(務 P432)——務 4(務 P432)

3. 写作“矛”　茅 1(茅 P266)

4. 写作“矛”　茅 2(茅 P267)

5. 写作“矛”　矞 1(矞 P268)

6. 写作“矛”　柔 1(柔 P340)

7. 写作“另” 柔 2(柔 P340)
8. 写作“另” 柔 3(柔 P340)
9. 写作“另” 柔 4(柔 P340)
10. 写作“田” 果 5(柔 P340)
11. 写作“予” 務 5(務 P432)
12. 写作“禾” 霧 1(霧 P432)

二二六、**“戊”**:

1. 写作“戊” 茂 1(茂 P267)——茂 2(茂 P267)
2. 写作“伐” 茷 3(茂 P267)
3. 写作“戊” 茂 4(茂 P267)

二二七、**“亩”**:

写作“回” 面 1(面 P274)——面 2(面 P274);靦 3(靦 P403);檀 3(檀 P397)——檀 5(檀 P397)——檀 6(檀 P397)——檀 1(檀 P397)——檀 2(檀 P397)——擅 9(檀 P397)

二二八、**“美”**:

1. 写作“美” 美 2(美 P270)
2. 写作“美” 美 4(美 P270)

二二九、**“蒙”**:

1. 写作“豕” 朦 1(朦 P271)
2. 写作“蒙” 矇 1(矇 P271)

二三〇、**“冡”**:

写作“家” 蒙 3(蒙 P271)——蒙 4(蒙 P271)——蒙 5(蒙 P271)

二三一、**“子”**:

1. 写作“丒” 孟 2(孟 P272)
2. 写作“丒” 孟 3(孟 P272)

二三二、**“必”**:

1. 写作“父” 密 1(密 P273)
2. 写作“夫” 密 2(密 P273)

二三三、"少"：

1. 写作"少"　妙 1(妙 P275)

2. 写作"水"　砂 1(砂 P352)

二三四、"啇"：

1. 写作"帝"　渧 1(滴 P81)——渧 2(滴 P81)

2. 写作"商"　適 1(適 P369)——適 2(適 P369)——適 3(適 P369)——驕 1(驕 P546)

二三五、"冎"：

1. 写作"凡"　骨 1(骨 P133)

2. 写作"冎"　骨 2(骨 P133)

3. 写作"四"　骨 3(骨 P133)

4. 写作"几"　骨 4(骨 P133)

二三六、"匃"：

1. 写作"匂"　曷 2(曷 P151)；髭 1(髭 P151)；揭 1(揭 P489)

2. 写作"匃"　顥 1(顥 P151)；搗 2(搗 P489)；歇 1(歇 P454)；蝎 1(蝎 P454)

3. 写作"日"　揭 1(揭 P195)

4. 写作"勺"　偈 7(偈 P180)

5. 写作"句"　偈 1(偈 P180)

6. 写作"旬"　偈 2(偈 P180)；偈 3(偈 P180)——偈 4(偈 P180)——偈 6(偈 P180)——偈 5(偈 P180)；竭(竭 P197)；渴 3(渴 P221)

7. 写作"匂"　渴 1(渴 P221)——渴 2(渴 P221)

二三七、"赤"：

1. 写作"圭"　赫 1(赫 P152)——赫 3(赫 P152)

2. 写作"灬"　赦 1(赦 P357)

二三八、"虍"：

1. 写作"户"　虎 1(虎 P158)——虎 3(虎 P158)；據 1(據 P212)——據 5(據 P212)；遽 2(遽 P212)

2. 写作"户"　虎 4(虎 P158)

3. 写作"乕"　乕 5(虎 P158)；琥 1(琥 P158)

4. 写作"乕"　乕 7(虎 P158)——乕 8(虎 P158)

5. 写作"乕"　乕 6(虎 P158)

6. 写作"户"　虎 2(虎 P158)

7. 写作"尸"　虔 4(虔 P319)

8. 写作"广"　膚 1(膚 P115)

二三九、"回"：

1. 写作"冊"　徊 1(徊 P160)

2. 写作"田"　徊 2(徊 P160)；回 1(回 P166)；濇 1(濇 P351)；穡 2(穡 P351)

3. 写作"囬"　迴 2(迴 P167)

4. 写作"回"　迴 3(迴 P167)

二四〇、"褱"：

1. 写作"褱"　懷 2(懷 P160)——懷 3(懷 P160)——懷 4(懷 P160)；壞 4(壞 P161)——壞 1(壞 P161)——壞 5(壞 P161)

2. 写作"褱"　懷 5(懷 P161)；壞 4(壞 P161)——壞 5(壞 P161)

3. 写作"褱"　懷 6(懷 P161)

4. 写作"褱"　壞(壞 P161)

二四一、"睘"：

1. 写作"睘"　還 1(還 P162)

2. 写作"睘"　還 2(還 P162)——還 5(還 P162)

3. 写作"睘"　還 3(還 P162)

4. 写作"睘"　還 4(還 P162)

5. 写作"睘"　還 6(還 P162)

6. 写作"睘"　還 7(還 P162)

7. 写作"睘"　還 8(還 P162)

8. 写作"睘"　還 9(還 P162)

9. 写作“衆”　還 10(還 P162)——還 11(還 P162)

10. 写作“衆”　環 1(環 P162)

11. 写作“衆”　環 2(環 P162)

12. 写作“衆”　環 3(環 P162)

13. 写作“衆”　環 4(環 P162)；儇 1(儇 P465)；嬛 1(嬛 P465)；翾(翾 P466)

14. 写作“衆”　寰 1(寰 P163)；闤 1(闤 P163)

15. 写作“衣”　寰 2(寰 P163)

二四二、“糸”：

1. 写作“纟”　緩 1(緩 P163)

2. 写作“糸”　縈 1(縈 P505)

3. 写作“彡”　弦 1(弦 P447)

4. 写作“幺”　畜 1(畜 P464)

5. 写作“口”　弦 1(弦 P153)——弦 2(弦 P153)——弦 3(弦 P153)

二四三、“幻”：

1. 写作“幻”　幻 3(幻 P163)

2. 写作“幻”　幻 4(幻 P163)——幻 9(幻 P163)

3. 写作“幻”　幻 5(幻 P163)

4. 写作“幻”　幻 6(幻 P163)——幻 7(幻 P163)

5. 写作“幻”　幻 8(幻 P163)

6. 写作“幻”　幻 10(幻 P163)

二四四、“奐”：

1. 写作“奐”　喚 1(喚 P163)；

2. 写作“奐”　喚 2(喚 P164)；煥 2(煥 P164)

3. 写作“奐”　喚 3(喚 P164)

4. 写作“奐”　換 1(換 P164)

5. 写作“奐”　渙 1(渙 P164)；煥 3(煥 P164)——煥 1(煥 P164)

二四五、"女"：

1. 写作"乡"　嫉 1(嫉 P164)

2. 写作"安"　偃 1(偃 P477)——偃 2(偃 P477)——偃 3(偃 P477)；宴 6(宴 P480)——宴 7(宴 P480)

二四六、"灰"：

1. 写作"伙"　嫉 2(嫉 P164)

2. 写作"厌"　灰 1(灰 P165)——灰 2(灰 P166)；盔(盔 P228)；炭 1(炭 P398)

二四七、"隋"：

1. 写作"随"　隳 1(隳 P166)

2. 写作"隋"　隳 2(隳 P166)

二四八、"兀"：

1. 写作"无"　虺 1(虺 P167)

2. 写作"几"　磽 1(磽 P322)；嘵 1(嘵 P453)

3. 写作"儿"　繞 4(繞 P337)

二四九、"彗"：

1. 写作"彗"　慧 3(慧 P168)

2. 写作"彗"　慧 5(慧 P168)

二五〇、"蒦"：

1. 写作"蒦"　獲 1(獲 P170)

2. 写作"蒦"　獲 2(獲 P170)；穫 1(穫 P170)；臒 1(臒 P170)

3. 写作"蒦"　獲 3(獲 P170)

4. 写作"蒦"　穫 2(穫 P170)

5. 写作"蒦"　鑊 1(鑊 P170)

6. 写作"蘿"　矆 1(矆 P171)

二五一、"幾"：

1. 写作"幾"　機 1(機 P172)

2. 写作"幾"　璣 1(璣 P174)

二五二、“奚”：

1. 写作“奚”　鷄1(雞 P173)

2. 写作“奚”　鷄2(雞 P173)

二五三、“尤”：

1. 写作“九”　嵇1(嵇 P174)——嵇2(嵇 P174)；稽5(稽 P315)——稽6(稽 P315)

2. 写作“无”　稽1(稽 P174)

3. 写作“大”　稽2(稽 P315)——稽4(稽 P315)

4. 写作“犬”　蚘(蚘 P167)

5. 写作“尢”　就3(就 P208)

6. 写作“乁”　就4(就 P208)

7. 写作“卞”　就5(就 P208)——就6(就 P208)——就14(就 P208)

8. 写作“乚”　就10(就 P208)——就11(就 P208)——就16(就 P208)

9. 写作“长”　就7(就 P208)——就8(就 P208)——就9(就 P208)——就12(就 P208)——就13(就 P208)——就15(就 P208)

10. 写作“兑”　抛3(抛 P300)

11. 写作“尢”　抛1(抛 P300)——抛4(抛 P300)

12. 写作“克”　抛2(抛 P300)

二五四、“亦”：

1. 写作“亦”　跡2(跡 P178)

2. 写作“亦”　跡3(跡 P178)

3. 写作“尔”　跡4(跡 P179)

4. 写作“之”　迹5(迹 P179)

二五五、“齊”：

1. 写作“肴”　濟1(濟 P180)

2. 写作“斉”　濟2(濟 P180)——濟3(濟 P180)——濟4(濟

P180)

3. 写作“齊”　濟 7(濟 P180)

4. 写作“斉”　薺 1(薺 P180)

二五六、“吝”：

1. 写作“吝”　悋 1(悋 P248)

2. 写作“㐫”　悋 3(悋 P248)

3. 写作“㐫”　悋 2(悋 P248)

4. 写作“厷”　忲 4(悋 P248)——忲 5(悋 P248)

二五七、“巫”：

1. 写作“亚”　靈 1(靈 P248)——靈 2(靈 P248)

2. 写作“亚”　靈 3(靈 P248)

3. 写作“亚”　靈 8(靈 P248)

4. 写作“至”　誣 2(誣 P430)

5. 写作“巫”　巫 3(巫 P430)——巫 4(巫 P430)——巫 5(巫 P430)；誣 1(誣 P430)

6. 写作“巫”　覡 1(覡 P440)

二五八、“㐬”：

1. 写作“不”　汖 1(流 P250)

2. 写作“㐬”　流 2(流 P250)——流 3(流 P250)；琉 1(琉 P251)

3. 写作“㐬”　流 4(流 P250)

4. 写作“㐬”　流 5(流 P250)

5. 写作“㐬”　梳 1(梳 P375)

6. 写作“㐬”　醯 1(醯 P439)

二五九、“丣”：

1. 写作“卯”　留 1(留 P250)

2. 写作“叩”　留 2(留 P250)——留 3(留 P250)遛 1(遛 P251)——遛 2(遛 P251)；飀 1(飀 P251)；瑠 2(瑠 P251)

3. 写作“卯”　騮 2(騮 P251)；榴 2(榴 P251)

4. 写作“夘”　留 4(留 P250)

5. 写作“卯” 榴 1(榴 P251)

6. 写作“乢” 瑠 3(瑠 P251);貿 1(貿 P267)——貿 2(貿 P267)——貿 5(貿 P267)

7. 写作“卯” 貿 3(貿 P267)——貿 4(貿 P267)

二六〇、“戈”:

1. 写作“土” 殘 3(殘 P35)——殘 4(殘 P35)——殘 5(殘 P35);賎 6(賤 P188);銭 1(錢 319)——銭 2(錢 P319);浅 1(淺 P320);盏 1(盞 P541)

2. 写作“弋” 碊 1(碊 P541)

3. 写作“戈” 賤 3(賤 P188)——賤 4(賤 P188)

二六一、“曼”:

1. 写作“曼” 曼 1(曼 P264);蔓 2(蔓 P264)

2. 写作“曼” 蔓 1(蔓 P264);慢 4(慢 P264);謾 1(謾 P264)

3. 写作“曼” 漫 1(漫 P264)

4. 写作“曼” 縵 4(縵 P265)——縵 6(縵 P265)

5. 写作“曼” 鏝(鏝 P265)

二六二、“廿”:

1. 写作“丗” 満 2(满 P263)——満 3(满 P263)

2. 写作“廿” 庶 1(庶 P376)——庶 3(庶 P376)

3. 写作“业” 庶 2(庶 P376)

4. 写作“出” 庶 4(庶 P376)——庶 5(庶 P377)

二六三、“九”:

1. 写作“大” 染 1(染 P337)

2. 写作“木” 染 2(染 P337)

3. 写作“几” 宂 1(宄 P141);軏 2(轨 P141)——軏 3(軌 P141)

二六四、“皀”:

1. 写作“皀” 即 1(即 P175)——即 2(即 P175)——即 4(即 P175)

2. 写作“貝” 即 5(即 P175)

3. 写作“皀” 即 6(即 P175);食 2(食 P366)

4. 写作“皀” 即 7(即 P175);食 3(食 P366)

5. 写作“良” 即 9(即 P175)

6. 写作“且” 即 10(即 P175)

7. 写作“皀” 既 4(既 P179)

8. 写作“ㄗ” 卿 1(卿 P327);食 4(食 P366)

9. 写作“ㄖ” 食 5(食 P366)

10. 写作“皀” 食 1(食 P366);養 1(養 P483)

二六五、“咠”:

1. 写作“咠” 戢 1(戢 P177)

2. 写作“其” 戢 2(戢 P177)

3. 写作“咠” 檝 1(楫 P177)

二六六、“脊”:

1. 写作“脊” 鶺 1(鶺 P178)

2. 写作“脊” 脊 1(脊 P178)

二六七、“己”:

1. 写作“巳” 巳 2(己 P178);杞 1(杞 P314)——杞 3(杞 P314)——杞 1(杞 P314)——杞 3(杞 P314)

2. 写作“己” 忌 1(忌 P179)

3. 写作“己” 忌 2(忌 P179)

4. 写作“己” 忌 3(忌 P179)

5. 写作“巴” 杞 2(杞 P314)

二六八、“巳”:

1. 写作“巳” 起 1(起 P315)——起 2(起 P315)——起 3(起 P315)——起 4(起 P315)

2. 写作“巳” 起 5(起 P315)

二六九、“叚”:

1. 写作“叚” 葭 1(葭 P182)

2. 写作“叚” 猳 1(猳 P182);假 5(假 P183)——假 6(假 P183);遐 1(遐 P445)——遐 4(遐 P445);暇 3(暇 P445);霞 4(霞 P445)

3. 写作“叚” 假 1(假 P183)

4. 写作“叚” 假 2(假 P183)

5. 写作“叚” 假 4(假 P183)

6. 写作“叚” 假 7(假 P184);瘕 1(瘕 P444)

7. 写作“叚” 假 8(假 P184)

8. 写作“叚” 霞 3(霞 P445)

9. 写作“叚” 遐 3(遐 P445);暇 2(暇 P445)

10. 写作“改” 霞 1(霞 P445)——霞 2(霞 P445)

11. 写作“叚” 遐 2(遐 P445)

二七〇、“戔”:

1. 写作“戋” 賤 1(賤 P188)

2. 写作“戋” 賤 2(賤 P188)

3. 写作“戋” 賤 3(賤 P188)

4. 写作“戋” 賤 4(賤 P188)

5. 写作“戋” 賤 6(賤 P188);錢 1(錢 319)——錢 2(錢 P319);淺 1(淺 P320)

6. 写作“戋” 賤 5(賤 P188)

二七一、“喬”:

1. 写作“高” 嬌 2(嬌 P192);憍 3(憍 P192);矯 1——矯 2(矯 P193);蟜(蟜 P193)

2. 写作“高” 矯(矯 P193)

3. 写作“喬” 嶠(嶠 P193)

二七二、“丩”:

1. 写作“刂” 叫 2(叫 P193)

2. 写作“寸” 叫 3(叫 P193)

3. 写作“丬” 收 1(收 P371)

4. 写作"扌" 収 3(收 P371)
5. 写作"牛" 牧 5(收 P371)

二七三、"舛"：

1. 写作"列" 桀 2(傑 P196)——桀 3(傑 P196)
2. 写作"舛" 傑 1(傑 P195)
3. 写作"舛" 憐 1(憐 P242)
4. 写作"舛" 㷠 7(鄰 P247)

二七四、"疌"：

1. 写作"疌" 捷 1(捷 P197)
2. 写作"疌" 捷 2(捷 P197)
3. 写作"疌" 捷 3(捷 P197)
4. 写作"夫" 睫 1(睫 P197)

二七五、"䍃"：

1. 写作"半" 解 1(解 P197)
2. 写作"羊" 解 2(解 P197)
3. 写作"干" 解 3(解 P197)
4. 写作"羊" 解 4(解 P197)
5. 写作"牛" 解 5(解 P197)
6. 写作"手" 解 6(解 P197)
7. 写作"羊" 解 7(解 P198)
8. 写作"羊" 解 8(解 P198)
9. 写作"羊" 解 9(解 P198)
10. 写作"羊" 解 10(解 P198)
11. 写作"羊" 解 11(解 P198)
12. 写作"羊" 解 12(解 P198)
13. 写作"羊" 解 15(解 P198)

二七六、"介"：

1. 写作"尒" 尒 1(介 P198)
2. 写作"尒" 疥 2(疥 P199)；界 2(界 P199)

3. 写作"尒"　界 1(界 P199)

4. 写作"尒"　界 3(界 P199)

5. 写作"分"　界 4(界 P199)

二七七、"金"：

1. 写作"金"　金 1(金 P200)——金 6(金 P200)

2. 写作"金"　金 4(金 P200)——金 5(金 P200)；鑪 3(爐 P255)——鑪 5(爐 P255)

3. 写作"金"　金 2(金 P200)

4. 写作"金"　金 3(金 P200)

二七八、"堇"：

1. 写作"堇"　謹 1(谨 P201)

2. 写作"堇"　謹 2(谨 P201)；饉 2(饉 P201)

3. 写作"堇"　謹 3(谨 P201)

4. 写作"堇"　謹 4(谨 P201)；堇 1(堇 P201)

5. 写作"堇"　墐 1(墐 P201)；殣 1(殣 P201)；覲 1(觐 P202)

6. 写作"堇"　饉 1(饉 P201)

7. 写作"堇"　覲 2(觐 P202)

8. 写作"莫"　歎 9(歎 P398)

9. 写作"￼"　歎 12(歎 P398)

二七九、"巠"：

1. 写作"巠"　勁(勁 P202)

2. 写作"巠"　經 1(經 P203)

3. 写作"巠"　經 2(經 P203)

4. 写作"巠"　經 3(經 P203)

5. 写作"巠"　經 4(經 P203)——經 6(经 P203)；頸 2(頸 P204)；脛 1(脛 P204)；輕 2(輕 P326)

6. 写作"巠"　經 5(經 P203)——經 8(經 P203)——經 18(經 P203)——經 19(經 P203)；頸 1(頸 P204)；脛 2(脛 P205)

7. 写作"巠"　經 7(經 P203)——經 9(經 P203)——經 10

(經 P203)——經 11(經 P203)——經 12(經 P203)

8. 写作“𢀖” 經 13(經 P203)

9. 写作“圣” 経 14(經 P203)；軽 7(輕 P326)

10. 写作“𢀖” 經 15(经 P203)

11. 写作“至” 経 16(經 P203)——經 17(經 P203)；逕 1(徑 P204)；輊 4(輕 P326)——輊 5(輕 P326)——輊 6(輕 P326)

12. 写作“𢀖” 輕 1(輕 P326)

13. 写作“𢀖” 輕 3(輕 P326)

二八〇、“谷”：

1. 写作“谷” 欲 1(欲 P517)——欲 9(欲 P517)——欲 19(欲 P518)；浴 1(浴 P519)；俗 3(俗 P386)——俗 4(俗 P386)

2. 写作“台” 佁 1(俗 P386)——佁 2(俗 P386)——佁 7(俗 P386)；欲 2(欲 P517)——欲 11(欲 P517)——欲 14(欲 P517)——欲 15(欲 P517)——欲 16(欲 P517)——慾 1(慾 P518)

3. 写作“谷” 欲 4(欲 P517)——欲 7(欲 P517)

4. 写作“谷” 欲 17(欲 P517)

5. 写作“吉” 欲 18(欲 P518)

6. 写作“谷” 欲 20(欲 P518)

7. 写作“石” 砍 21(欲 P518)；慾 2(慾 P518)

8. 写作“𠔿” 欲 22(欲 P518)

9. 写作“各” 佫 5(俗 P386)

10. 写作“谷” 浴 1(浴 P133)

二八一、“古”：

1. 写作“古” 居 1(居 P209)

2. 写作“立” 居 2(居 P209)

3. 写作“大” 故 1(故)

4. 写作“右” 苦 12(苦 P225)

二八二、“巨”：

1. 写作“臣” 臣 1(巨 P211)；苣 1(苣 P211)

2. 写作“臣”　臣 2(巨 P211)——巨 3(巨 P211)；拒 1(拒 P211)——拒 2(拒 P211)；詎 1(詎 P211)；炬 1(炬 P211)

二八三、“卷”：

1. 写作“𢀿”　𢀿 1(卷 P213)
2. 写作“弓”　弓 2(卷 P213)——弓 3(卷 P213)——弓 4(卷 P213)
3. 写作“卷”　卷 5(卷 P213)
4. 写作“巻”　巻 6(卷 P213)；倦 2(倦 P213)
5. 写作“巻”　巻 8(卷 P213)

二八四、“夬”：

1. 写作“夬”　决 3(决 P214)——决 4(决 P214)
2. 写作“丈”　汏 5(决 P214)

二八五、“厥”：

1. 写作“𠂢”　𠂢 1(厥 P216)
2. 写作“厥”　厥 2(厥 P216)
3. 写作“厥”　厥 3(厥 P216)
4. 写作“厥”　厥 4(厥 P216)

二八六、“夋”：

1. 写作“夋”　俊 5(俊 P217)；誜 1(誜 P378)
2. 写作“叟”　峻 1(峻 P217)
3. 写作“夋”　峻 2(峻 P217)
4. 写作“夋”　焌 1(焌 P334)
5. 写作“旁”　唛 1(唆 P392)

二八七、“丂”：

写作“丁”　考 2(考 P219)——考 3(考 P220)——考 4(考 P220)——考 5(考 P220)；拷 1(拷 P220)——拷 2(拷 P220)；栲 1(栲 P220)

二八八、“冥”：

1. 写作“具”　寘 4(冥 P278)——寘 5(冥 P278)；溟 2(溟

P278)；瞑 1(瞑 P278)

2. 写作"且"　溟 3(溟 P278)——溟 4(溟 P278)

二八九、"斤"：

写作"片"　浙 2(浙 P437)

二九〇、"未"：

1. 写作"来"　氂 1(氂 P239)；犛 3(犛 P239)

2. 写作"夹"　犛 1(犛 P239)

3. 写作"来"　犛 2(犛 P239)

4. 写作"寸"　嫠 1(嫠 P239)

5. 写作"来"　犛 2(犛 P239)

二九一、"魚"：

写作"魚"　鳞 2(鳞 P248)；鲜 2(鲜 P446)——鲜 1(鲜 P446)

二九二、"苗"：

1. 写作"苗"　貓 2(貓 P266)

2. 写作"苗"　貓 3(貓 P266)

二九三、"皃"：

1. 写作"艮"　貌 2(貌 P268)

2. 写作"艮"　貌 3(貌 P268)；藐 2(藐 P275)

3. 写作"艮"　藐 1(藐 P275)

4. 写作"艮"　藐 2(藐 P275)

二九四、"丙"：

1. 写作"丂"　眪 1(眪 P274)——眪 3(眪 P274)

2. 写作"万"　眪 2(眪 P274)

二九五、"少"：

1. 写作"水"　涉 2(涉 P357)

2. 写作"小"　歲 1(歲 P390)

3. 写作"小"　歲 2(歲 P390)——歲 3(歲 P390)

二九六、"𠂢"：

写作"𠂢"　脈 1(脈 P279)

二九七、“疋”：

1. 写作“”　3(擬 P288)；3(凝 P293)
2. 写作“”　4(擬 P288)；1(凝 P293)
3. 写作“”　5(擬 P288)
4. 写作“”　2(凝 P293)

二九八、“若”：

1. 写作“关”　4(匿 P289)——5(匿 P289)
2. 写作“”　3(喏 P296)
3. 写作“尔”　4(喏 P296)

二九九、“丑”：

1. 写作“”　2(纽 P294)
2. 写作“”　1(羞 P461)——2(羞 P461)
3. 写作“”　3(羞 P461)
4. 写作“彐”　4(羞 P461)

三〇〇、“旁”：

1. 写作“”　1(旁 P300)
2. 写作“”　1(傍 P300)

三〇一、“𠂔”：

1. 写作“市”　1(姊 P572)
2. 写作“市”　3(姊 P572)——4(姊 P572)——5(姊 P572)
3. 写作“”　6(姊 P572)——7(姊 P572)
4. 写作“弟”　1(秭 P572)

三〇二、“帀”：

1. 写作“市”　6(師 P364)——9(師 P364)
2. 写作“市”　7(師 P364)——10(師 P364)
3. 写作“未”　8(師 P364)
4. 写作“”　13(師 P364)——14(師 P364)
5. 写作“”　1(柿 P371)

三〇三、"匝"：

1. 写作"帀"　帀 1(匝 P530)；⿰口帀 1(咂 P530)

2. 写作"迊"　迊 2(匝 P530)——迊 4(匝 P530)——迊 3(匝 P530)——迊 5(匝 P530)

3. 写作"妾"　唼 2(咂 P530)——唼 4(咂 P530)

4. 写作"市"　⿰口市 3(咂 P530)

三〇四、"步"：

1. 写作"步"　頻 1(频 P306)

2. 写作"少"　嚬 1(嚬 P306)

三〇五、"音"：

1. 写作"咅"　菩 1(菩 P309)——菩 2(菩 P309)

2. 写作"吉"　⿱艹吉 3(菩 P309)

三〇六、"气"：

写作"⿱乂米"　氣 1(氣 P315)——氣 3(氣 P315)——氣 5(氣 P315)——氣 6(氣 P315)——氣 7(氣 P315)

三〇七、"𡗜"：

1. 写作"亠"　牵 1(牵 P318)——牵 7(牵 P318)

2. 写作"去"　牵 3(牵 P318)——牵 4(牵 P318)

3. 写作"亠"　牵 5(牵 P318)

三〇八、"兼"：

1. 写作"兼"　謙 1(謙 P318)

2. 写作"兼"　謙 2(謙 P318)

3. 写作"兼"　謙 3(謙 P318)

4. 写作"兼"　謙 4(謙 P318)

5. 写作"兼"　嫌 1(嫌 P447)

6. 写作"兼"　嫌 2(嫌 P447)

7. 写作"兼"　慊 1(慊 P447)

三〇九、"𠳋"：

1. 写作"𠳋"　遣 3(遣 P321)

2. 写作"𠂤" 遣 4(遣 P321)

3. 写作"𦥑" 遣 5(遣 P321)

三一〇、"嗇":

1. 写作"𡕒" 墻 7(牆 P322)

2. 写作"啬" 墻 8(牆 P322)

三一一、"丂":

1. 写作"号" 巧 1(巧 P323)

2. 写作"号" 巧 2(巧 P323)

3. 写作"亏" 朽 1(朽 P462)

4. 写作"乃" 羲 3(羲 P439)

三一二、"卯":

1. 写作"卯" 卿 1(卿 P327)

2. 写作"卯" 卿 2(卿 P327)

三一三、"求":

1. 写作"求" 求 4(求 P329)

2. 写作"求" 求 5(求 P329)

3. 写作"求" 求 6(求 P329)

4. 写作"求" 裘 2(裘 P329)

三一四、"隺":

1. 写作"霍" 確 4(確 P333)

2. 写作"霍" 確 5(確 P333)——確 6(確 P333)

三一五、"埶":

1. 写作"執" 熱 2(熱 P338)——熱 8(熱 P338)——熱 9(熱 P338)——熱 10(熱 P338);爇 1(爇 P344);勢 3(勢 P368)

2. 写作"執" 熱 3(熱 P338)

3. 写作"執" 勢 4(勢 P368)

三一六、"韋":

1. 写作"韋" 圍 1(圍 P422)

2. 写作"韋" 圍 2(圍 P422)

3. 写作"韋" 圍 3(圍 P422)

4. 写作"韋" 幃 1(幃 P422)——幃 3(幃 P422)

5. 写作"韋" 幃 2(幃 P422)

6. 写作"韋" 違 1(違 P422)

7. 写作"麦" 違 3(違 P422)——違 5(違 P422)

8. 写作"韋" 韋 1(韋 P423)

9. 写作"韋" 葦 1(葦 P423)

10. 写作"韋" 葦 2(葦 P423);衛 2(衛 P424)

11. 写作"韋" 暐 1(暐 P424);衛 4(衛 P424)

12. 写作"韋" 衛 1(衛 P424)

13. 写作"韋" 衛 5(衛 P424)

14. 写作"韋" 衛 7(衛 P424)

三一七、"王":

1. 写作"壬" 庭 1(庭 P406)——庭 2(庭 P406)——庭 9(庭 P406)

2. 写作"手" 庭 3(庭 P406)——庭 4(庭 P406)——庭 6(庭 P406)——庭 7(庭 P406);霆 1(霆 P406);挺 1(挺 P406)——挺 2(挺 P406)——挺 4(挺 P406)

3. 写作"手" 庭 8(庭 P406);艇 1(艇 P406)

三一八、"鹿":

1. 写作"庚" 灑 4(灑 P345)

2. 写作"庚" 灑 5(灑 P345)

三一九、"叒":

1. 写作"去" 桑 2(桑 P348)——桑 4(桑 P348)——桑 8(桑 P348);顙 1(顙 P349)

2. 写作"去" 桑 3(桑 P348)——桑 5(桑 P348)

3. 写作"去" 顙 2(顙 P349)

三二〇、"喿":

1. 写作"杂" 繰 1(繰 P349)

2. 写作“喿”　繰 2(繰 P349)

三二一、“册”:

1. 写作“冊”　珊 1(珊 P353)

2. 写作“卌”　珊 2(珊 P353)

三二二、“舍”:

1. 写作“舎”　捨 1(捨 P356)——捨 2(捨 P356)——捨 3(捨 P356)——捨 4(捨 P356);舎 1(舍 P356)——舎 3(舍 P357)——舎 4(舍 P357)

2. 写作“舎”　捨 5(捨 P356)

3. 写作“舎”　舎 2(舍 P357)

三二三、“聶”:

1. 写作“聶”　攝 1(攝 P357)

2. 写作“聶”　攝 2(攝 P358)——攝 4(攝 P358)

3. 写作“聶”　攝 3(攝 P358)——攝 5(攝 P358)

4. 写作“聶”　攝 10(攝 P358)

三二四、“身”:

1. 写作“身”　穿(穿 P60);身 4(身 P358)——身 5(身 P358)

2. 写作“身”　身 6(身 P358)

3. 写作“身”　身 7(身 P358)——身 8(身 P358)

三二五、“升”:

1. 写作“升”　升 1(升 P361)——升 2(升 P361)——升 4(升 P361)

2. 写作“升”　升 3(升 P361)——升 5(升 P361);昇 3(昇 P362)

3. 写作“升”　昇 1(昇 P362)

4. 写作“升”　昇 2(昇 P362)

三二六、“受”:

1. 写作“受”　受 2(受 P372);授 4(授 P373)

2. 写作“受”　受 3(受 P372)

3. 写作"𤔔" 𤔔 4(受 P372);𢯴 2(授 P373);授 3(授 P373)

4. 写作"𠬪" 𠬪 5(受 P372)

5. 写作"𠬶" 𠬶 9(受 P372)

三二七、"俞"：

1. 写作"𠂢" 毹 1(毹 P374)

2. 写作"俞" 渝 1(渝 P512);覦 1(覦 P514);窬 1(窬 P515);逾 4(逾 P515)

3. 写作"俞" 龥 1(龥 P515)

4. 写作"俞" 俞 1(俞 P514)

三二八、"朱"：

1. 写作"米" 殊 1(殊 P374);蛛 1(蛛 P563)——蛛 3(蛛 P563)

2. 写作"未" 殊 2(殊 P375)

3. 写作"牛" 銖 1(銖 P563)

三二九、"予"：

1. 写作"矛" 舒 1(舒 P375)

2. 写作"矛" 預 1(預 P516)

3. 写作"予" 預 2(預 P517)

三三〇、"盾"：

1. 写作"盾" 楯 1(楯 P380)

2. 写作"盾" 循 2(循 P469)

三三一、"川"：

1. 写作"忄" 順 1(顺 P381)——順 4(顺 P381)

2. 写作"卜" 順 2(顺 P381)

3. 写作"小" 順 3(顺 P381)

三三二、"肙"：

1. 写作"巢" 璅 1(瑣 P393)——璅 5(瑣 P393);鏁 1(鎖 P393)

2. 写作"貞" 瑣 3(瑣 P393);鎖 2(鎖 P393)

3. 写作"貟"　鎖 3(鎖 P393)

三三三、"旦":

1. 写作"且"　檀 3(檀 P397)——檀 8(檀 P397)

2. 写作"旦"　檀 9(檀 P397)

三三四、"弟":

1. 写作"苐"　剃 2(剃 P402)

2. 写作"若"　剃 3(剃 P402)

三三五、"甬":

1. 写作"甬"　通 3(通 P407);痛 4(痛 P407)

2. 写作"甬"　通 1(通 P406);蓪 1(蓪 P407);筩 2(筩 P407)

3. 写作"角"　通 2(通 P406)

三三六、"兔":

1. 写作"兔"　兔 1(兔 P410);逸 3(逸 P498)

2. 写作"兔"　兔 2(兔 P410)

3. 写作"免"　逸 1(逸 P498)——逸 2(逸 P498)

4. 写作"兑"　纔 1(纔 P33)——纔 3(纔 P33)——纔 2(纔 P33)——纔 4(纔 P33);冤 1(冤 P520)

5. 写作"兔"　兔 1(兔 P410)——兔 4(兔 P410)

6. 写作"兔"　兔 3(兔 P410)

7. 写作"兔"　兔 5(兔 P410)

三三七、"免":

写作"兑"　免 2(免 P274);冕 1(冕 P274);勉 5(勉 P274);冕 1(冕 P274);晚 2(晚 P416);挽 2(挽 P417)——挽 3(挽 P417)

三三八、"它":

1. 写作"它"　佗 1(佗 P412);陀 1(陀 P412);駝 1(駝 P412);跎 1(跎 P412);紽 1(紽 P412)——紽 2(紽 P412)

2. 写作"它"　陀 2(陀 P412)

3. 写作"它"　陀 3(陀 P412)——陀 4(陀 P412)

三三九、"外"：

1. 写作"氺" 氺 1(外 P415)
2. 写作"外" 外 2(外 P415)——外 3(外 P415)
3. 写作"舛" 舛 5(外 P415)

三四〇、"宛"：

1. 写作"宛" 剜 1(剜 P415)；宛 2(宛 P416)；椀 5(椀 P417)
2. 写作"宛" 宛 1(宛 P416)
3. 写作"宛" 椀 1(椀 P416)；婉 1(婉 P417)
4. 写作"宛" 腕 1(腕 P417)
5. 写作"宛" 腕 2(腕 P417)
6. 写作"夗" 涴 1(涴 P428)

三四一、"罔"：

1. 写作"罔" 網 1(網 P418)
2. 写作"冈" 網 2(網 P418)——網 3(網 P418)——網 8(網 P418)；冈 1(罔 P419)；茵 1(菵 P419)——菵 2(菵 P419)
3. 写作"冈" 網 4(網 P418)
4. 写作"内" 網 5(網 P418)
5. 写作"冈" 網 6(網 P418)
6. 写作"罒" 網 7(網 P418)
7. 写作"囙" 網 9(網 P418)；網 10(菵 P419)
8. 写作"宔" 宔 2(罔 P419)
9. 写作"官" 官 3(罔 P419)

三四二、"𡉚"：

1. 写作"𡉚" 往 1(往 P419)——往 3(往 P419)——往 4(往 P419)
2. 写作"圭" 佳 5(往 P419)——徍 6(往 P419)
3. 写作"生" 徃 7(往 P419)

三四三、"田"：

1. 写作"日" 界 6(界 P199)；畔(畔 P300)

2. 写作"里"　彊 2(彊 P321)

三四四、"烏"：

1. 写作"鳥"　鳥 2(乌 P428)——鳥 4(乌 P428)——烏 7(乌 P429)——嗚 8(乌 P429)

2. 写作"焉"　焉 3(乌 P428)——焉 5(乌 P428)——焉 6(乌 P429)；鳴 1(呜 P429)——嗚 2(呜 P429)

三四五、"無"：

1. 写作"无"　无 9(無 P430)

2. 写作"旡"　旡 10(無 P430)

3. 写作"乇"　乇 11(無 P430)

4. 写作"兮"　兮 12(無 P430)

三四六、"乂"：

1. 写作"夂"　希 3(希 P435)

2. 写作"文"　希 4(希 P435)——希 5(希 P435)

3. 写作"ナ"　希 8(希 P435)

4. 写作"夕"　豨 1(豨 P438)

三四七、"㡀"：

1. 写作"罙"　隙 2(隙 P443)

2. 写作"㡀"　隙 1(隙 P443)

3. 写作"貟"　隙 3(隙 P443)

三四八、"兮"：

1. 写作"兮"　盻 1(盼 P443)

2. 写作"兮"　盻 4(盼 P444)

三四九、"象"：

1. 写作"鸟"　象 1(象 P451)——象 2(象 P451)——象 5(象 P451)

2. 写作"鳥"　象 4(象 P451)——象 6(象 P451)——象 9(象 P451)

3. 写作"象"　象 11(象 P451)；豫 3(豫 P519)

4. 写作“象” 象12(象 P451)；像5(像 P452)；豫4(豫 P519)

5. 写作“象” 象13(象 P451)——象14(象 P451)——象15(象 P451)

6. 写作“象” 豫1(豫 P519)

三五〇、“此”：

1. 写作“此” 些1(些 P454)

2. 写作“此” 呰1(呰 P572)

3. 写作“此” 呰1(呰 P571)

三五一、“无”：

1. 写作“无” 无13(無 P430)——无14(無 P431)——无15(無 P431)6

2. 写作“元” 元19(無 P431)

三五二、“开”：

1. 写作“井” 開3(開 P218)——開5(開 P218)——开6(開 P218)；形2(形 P459)

2. 写作“并” 研1(研 P475)

3. 写作“开” 形3(形 P459)

三五三、“干”：

1. 写作“十” 軒3(軒 P465)

2. 写作“于” 軒1(軒 P465)；齗1(齗 P478)

三五四、“系”：

1. 写作“幺” 懸1(懸 P466)

2. 写作“幺” 懸2(懸 P466)；遜1(遜 P470)

3. 写作“系” 遜2(遜 P470)

三五五、“卂”：

1. 写作“卆” 訊1(訊 P470)——訊2(訊 P470)

2. 写作“九” 訊5(訊 P470)

3. 写作“卂” 訊3(訊 P470)——訊4(訊 P470)

三五六、“焉”：

1. 写作“焉”　焉 1(焉 P473)——焉 2(焉 P473)
2. 写作“焉”　焉 3(焉 P473)——焉 4(焉 P473)
3. 写作“焉”　焉 5(焉 P474)——焉 6(焉 P474)——焉 7(焉 P474)
4. 写作“焉”　焉 8(焉 P474)
5. 写作“焉”　焉 11(焉 P474)
6. 写作“焉”　焉 10(焉 P474)——焉 12(焉 P474)
7. 写作“焉”　焉 1(焉 P474)

三五七、“彦”：

1. 写作“彦”　顔 3(顔 P477)——顔 4(顔 P477)；彦 1(彦 P480)
2. 写作“彦”　顔 5(顔 P477)
3. 写作“彦”　鬳 1(鬳 P478)

三五八、“寅”：

1. 写作“寅”　演 1(演 P478)
2. 写作“寅”　演 2(演 P478)——演 3(演 P478)
3. 写作“寅”　演 4(演 P478)——演 5(演 P478)；寅 1(寅 P501)
4. 写作“寅”　演 6(演 P478)

三五九、“七”：

写作“十”　切 3(切 P324)——切 5(切 P324)

三六〇、“景”：

1. 写作“景”　影 1(影 P506)——影 2(影 P506)——影 3(影 P506)
2. 写作“景”　影 4(影 P506)

三六一、“庸”：

写作“庸”　傭 1(傭 P508)；慵 2(慵 P508)

三六二、“幺”：

1. 写作“幺” 幼 1(幼 P512)
2. 写作“幺” 幼 2(幼 P512)

三六三、“缶”：

1. 写作“缶” 御 1(御 P518)
2. 写作“工” 御 2(御 P518)
3. 写作“长” 御 3(御 P518)——御 12(御 P519)
4. 写作“缶” 御 6(御 P518)
5. 写作“缶” 御 7(御 P518)
6. 写作“缶” 御 8(御 P518)
7. 写作“去” 御 11(御 P519)

三六四、“袁”：

1. 写作“袁” 遠 4(遠 P523)——遠 6(遠 P523)
2. 写作“袁” 遠 7(遠 P523)
3. 写作“袁” 遠 8(遠 P523)
4. 写作“表” 遠 11(遠 P523)

三六五、“夗”：

1. 写作“夗” 怨 1(怨 P523)——怨 3(怨 P523)——怨 5(怨 P523)
2. 写作“死” 怨 4(怨 P523)——怨 6(怨 P524)；苑 3(苑 P524)；黦 1(黦 P528)
3. 写作“外” 怨 7(怨 P524)
4. 写作“宛” 苑 2(苑 P524)
5. 写作“宛” 苑 1(苑 P524)

三六六、“兟”：

1. 写作“兟” 讚 1(讚 P533)
2. 写作“共” 讚 2(讚 P533)——讚 3(讚 P533)

三六七、“匝”：

1. 写作“匝” 賾 1(賾 P536)

2. 写作""　 2(蹟 P536)

3. 写作""　 4(蹟 P537)

4. 写作""　 3(蹟 P537)

三六八、""：

1. 写作""　 1(比 P16)—— 3(比 P16)

2. 写作""　 4(比 P16)

第二章　敦煌写本汉字偏旁部件代换研究

第一节　敦煌写本汉字偏旁部件代换情况

在敦煌写本汉字形体中，存在比较多的偏旁部件代换情况，其中有一些是人们书写时用意义相近、相关的偏旁部件替换原来形声字偏旁或会意字的部件写成的，有一些是书写者出于对事物功能或者材质等等的强调而改换形声字偏旁，还有一些情况则无理据可说。见于敦煌写本汉字中偏旁部件代换情况有如下一些：

一、“彳”与“辶”代换

逕 3(径《敦》P204)

二、“旨”与“甘”代换

甞 1(嘗 P43)

三、“口”与“人”“言”“鼻”代换

1. “口”与“人”代换：矬 1(矬 P71)；挫 1(挫 P71)——挫 2(挫 P71)；剉 1(剉 P71)；哭 2(哭《敦》P224)——哭 3(哭《敦》P224)；喪 5(喪 P349)；趖 1(趖 P391)；坐 1(坐 P580)；座 1(座 P580)——座 2(座 P580)

2. “口”与“言”代换：謿 1(嘲 P45)——嘲 2(嘲 P45)；喊 1(諴 P199)；誓 1(嘶 P382)；譪 1(噧 P456)；諠 1(喧 P465)；喭 1(諺 P480)；咏 3(詠 P509)；諭 2(喻 P518)——喻 3(喻 P518)；訿 2(呰 P571)；咀 1(詛 P576)

3. “口”与“鼻”代换：齅 1(嗅 P464)——嗅 2(嗅 P464)

四、“目”“欠”“舌”“扌”与“口”代换

1. “目”与“口”代换：瞋 3(瞋 P46)——嗔 4(瞋 P46)；眴 1(瞿

P331）

2. “欠”与“口”代换： 1（欬 P218）—— 2（欬 P218）； 1（嘘 P463）—— 2（嘘 P463）

3. “舌”与“口”代换： 1（舐 P369）

4. “扌”与“口”代换： 2（攛 P69）

五、“心”与“廾”“言”代换

1. “心”与“廾”代换： 3（憑 P307）—— 5（憑 P307）

2. “心”与“言”代换： 1（應 P507）—— 2（應 P507）

六、“大”与“廾”“立”代换

1. “大”与“廾”代换： 5（契 P317）—— 6（契 P317）

2. “大”与“立”代换： 1（漪 P491）； 1（倚 P494）

七、“亻”与“立”“力”代换

1. “亻”与“立”代换： 1（佇 P565）—— 2（佇 P565）

2. “亻”与“力”代换： 3（倦 P213）

八、“扌”与“亻”“月”代换

1. “扌”与“亻”代换： 2（掎 P174）

2. “扌”与“月”代换： 1（揎 P465）

九、“釒”与“扌”“火”代换

1. “釒”与“扌”代换： 2（釘 P88）

2. “釒”与“火”代换：（釭 P126）； 3（爐 P255）；（爐 P255）——（爐 P255）

一〇、“矢”与“扌”代换

 1（短 P93）—— 2（短 P93）

一一、“竹”与“木”代换

 1（筏 P105）

一二、“土”与“石”代换

 1（壁 P19）

一三、“足”与“走”代换

 1（蹕 P18）—— 2（蹕 P18）； 1（踯 P321）

一四、“礻”与“歹”代换

 2(祥 P450)—— 3(祥 P450)

一五、“犭”与“月”代换

 2(猪 P563)—— 3(猪 P563)—— 6(猪 P563)

一六、“又”与“寸”代换

 2(亂 P259)

一七、“犬”与“戈”代换

 13(獸 P373)

一八、“阜”与“土”“山”代换

1. “阜”与“土”代换： 1(防 P108)

2. “阜”与“山”代换： 1(險 P448)—— 2(險 P448)—— 3(險 P448)—— 4(險 P448)

一九、“冃”与“宀”代换

 13(最 P577)—— 14(最 P578)—— 15(最 P578)

二〇、“牙”与“身”“耳”代换

1. “牙”与“身”代换： 2(穿 P60)

2. “牙”与“耳”代换： 4(邪 P454)

二一、“肉”与“食”“酉”“角”“皮”代换

1. “肉”与“食”代换： 3(脆 P70)

2. “肉”与“酉”代换： 3(膩 P289)—— 4(膩 P289)

3. “肉”与“角”代换： 1(筋 P200)—— 2(筋 P200)—— 5(筋 P200)

4. “肉”与“皮”代换： 5(肉 P340)—— 6(肉 P340)—— 7(肉 P340)

二二、“言”与“口”“声”(声)代换

1. “言”与“口”代换： 2(信 P458)—— 3(信 P458)

2. “言”与“声”(声)代换： 1(說 P381)； 4(諸 P562)

二三、“欠”与“言”代换

 4(歌 P127)

二四、“木”与“皿”“西”“山”代换

1. “木”与“皿”代换： 2(杯 P13)

2. “木”与“西”代换： 5(杯 P13)

3. “木”与“山”代换： 1(潾 P241)

二五、“米”与“食”“麦”代换

1. “米”与“食”代换： 2(糕 P126)

2. “米”与“麦”代换： 1(糊 P157)

二六、“鹿”与“虍”代换

 1(臕 P25)

二七、“穴”与“門”代换

 2(窺 P228)—— 6(窺 P228)—— 5(窺 P228)

二八、“豸”与“犭”代换

 1(豺 P40)—— 2(豺 P40)； 1(豣 P186)； 2(貓 P266)—— 3(貓 P266)； 1(藐 P275)—— 2(藐 P275)； 1(豵 P573)

二九、“巾”与“衣”代换

 3(帙 P556)

三〇、“土”与“阜”代换

 1(堤 P81)—— 2(堤 P81)—— 3(堤 P81)； 1(堙 P501)—— 2(堙 P501)

三一、“肉”与“犭”代换

 1(豚 P411)

三二、“豕”与“犭”代换

 1(豣 P186)； 1(豵 P573)

三三、“卂”与“口”代换

 1(恐 P223)—— 2(恐 P223)； 2(築 P566)—— 4(築 P566)

三四、“黹”与“纟”代换

 3(黻 P116)

三五、“女”与“衤”代换

祆 4(妖 P484)——妖 5(妖 P484)

三六、“戈”与“刂”代换

剹 1(戮 P257)

三七、“羽”与“飛”代换

飜 5(翻 P106)

三八、“耳”与“身”代换

聘 1(聘 P306);軄 1(職 P554)——軄 3(職 P554)

三九、“骨”与“身”代换

體 3(體 P401)——軆 5(體 P401)——體 6(體 P401)

四〇、“虫”与“鱼”代换

蟹 1(蟹 P457)

四一、“糹”与“木”代换

楤 1(總 P573)——棇 2(總 P573)

四二、“足”与“辶”代换

踰 3(踰 P515)——逾 4(逾 P515)

第二节　敦煌写本汉字偏旁部件代换一般规律

以上是代换情况,代换大致可以总结有如下规律:

一、整体与部分、部分与全局的关系

(一) 整体与部分的关系,强调整体

1. “口”与“人”: 哭 2、哭 3(哭《敦》P224);喪 5(丧《敦》P349)

按: 哭,《说文》小篆作哭,[①]为会意字,从吅,从犬。《说文》:“吅,

① 参见《汉语大字典》679 页,湖北长江出版集团 · 崇文书局;四川出版集团 · 四川辞书出版社 2010 年版。

惊号也。从二口。”“哭”的本义为“犬惊号”。《字源》“哭”字条下：“本指犬嗥，而移以言人之哀哭声。”[①]“哭”在敦煌手书中作 2、 3(哭《敦》P224)，“哭”上部右边的“口”在敦煌俗书中写作“人”。《说文》：“口，人所以言食也。”“口”是掌控“人”说话吃饭的重要器官，是“人”身体的一部分。用“人”替换“口”，强调“人”是“哭”这个动作的主体，二者意义相关，替换产生异体字。

“丧”，甲骨文作、、，金文作或，《说文》小篆作，这是“丧”的古文字形体。[②] 甲骨文形体有的从五口，有的从四口，有的从三口，在卜辞中用“多口哀号”表示“丧亡”义。金文或加“走旁”或加“亾声”，均表示“丧亡”“亡失”义。《说文》：“丧，亾也。从哭从亾。会意。”小篆从“哭”，形体产生了讹误。“丧”本从“口”。敦煌手书中“丧”写作“”(丧 5《敦》P349)，从哭从亡。“口”是人身体的一部分，用“人”替换“吅”右边部件“口”，强调“丧亡”“亡失”的主体是人。二者意义相关，故可替换。

2. “舌”与“口”：呧 1(舐《敦》P369)

敦研 311《修行本起经》卷下：“骞特长跪，泪出舐足。”(舐《敦》P369)“舐”写作“呧”。

按：《说文·舌部》：“舓，以舌取食也。从舌易声。䑛，舓或从也。”《说文解字注》：“䑛，或作舐，或作狧。”《宋本玉篇》：“舐、䑛同舓。”[③]“舐足”是对人表示崇敬与不舍的一种礼节。“舐”的形旁“舌”是“口”的一部分，用偏旁“口”替换“舌”，强调整体，表明动作的主体是“口”，符合在张骞“泪出舐足”时人们看到的情景(不可能看到张骞的“舌”)，符合当时悲凉肃穆的氛围。故“舌”与“口”形旁替换，产生异体字。

3. “牙”与“身”： 1(穿 P60)—— 2(穿 P60)

敦研 105(5－1)《妙法莲华经》：“如人渴须水，凿于高原。”(穿

① 参见李学勤《字源》101 页，天津古籍出版社、辽宁人民出版社 2012 年版。

② 参见《字源》101 页。

③ (梁) 顾野王《玉篇》107 页，张氏泽存堂本，北京中国书店 1983 年版。

1《敦》P60)

S.6825V 想尔注《老子道经》卷上:“衣弊履,不与俗争。”(穿 2《敦》P60)

按:《说文》:“穿,通也。从牙在穴中。”穿,会意字,以牙咬出穴来会意打洞、穿透的含义。“牙”是“身体”的一部分,用“身”替换“牙”,强调“打洞”的是“人的身躯”。在敦煌俗书中,“穿”有1、2 这两个形体,用部件“身”替换了“牙”,表明“凿井”“穿衣”的主体是“身”,即“人”。

4. “耳”与“身”: 1(聘 P306);1(职 P554)——3(职 P554)

按:《说文》:“聘,访也。从耳甹声。”“聘”为形声字,从耳,本义为“访问、探问”。“耳”是身体的一部分,二者可替换。敦煌写本 P.2537《春秋谷梁经传》:“廿有三年春,公至自齐。祭叔来。”“荆人来。”“”为“聘”的异体字,用“身”替换“耳”,强调整体,表明来访问的主体是“祭叔”“荆人”。

《说文》:“职,记微也。从耳戠声。”朱骏声《说文通训定声》颐部第五:“耳常听闻而记之也。”[①]“职”的本义为“识记”。后因经典多用“识”来表识记义,“职”就作“官职、职务”义了。敦煌写本中“职”偏旁“耳”写作“身”,如:P.2536《春秋谷梁经传》:“贡职不至,山戎为之伐矣。”(职 1《敦》P554)“职”写作“”,是用偏旁“身”替换“耳”,表明应当缴纳“贡职”的“人”没来,所以要讨伐出征。

另外,敦煌文献中还有用偏旁“身”替换“骨”的字,如:3、5(体 P401)。可替换的偏旁部件与字义之间是整体与部分的关系,用整体替换部分,强调动作的主体是“人”。

(二)整体与部分的关系,强调部分发出的动作

“大”与“廾”: 5(契 P317)——6(契 P317)

S.388《正名要录》:“: 持。”(契 5《敦》P317)

S.388《正名要录》:“: 相承用。”(契 6《敦》P317)

---

① (清)朱骏声《说文通训定声》188 页,中华书局 1983 年影印本。

按：契，《说文》小篆作，从大从㓞，表示人拿刀刻写文字。“契”也指刻写在甲骨上的文字，后泛指契约一类的刻物。[①] 在敦煌文书中，“契”作“5、6”。“廾”的主体是“人(大)”，二者之间是整体与部分的关系，用部件“廾”替换部件“大(人)”，强调“双手持刀契刻”这一动作。敦煌写本《正名要录》里将“契”释作“持”，显然也是在强调“持刀刻写”这一动作。

（三）部分与全局的关系，强调部分

“示(礻)”与“歹”：3(祥《敦》P450)

S.318《洞渊神咒经·斩鬼品》：“和喻家亲、太祖、父母、内外犹祥，及祠之者、不应祠者，悉为分别遣之。”又：“持铜戟斩煞耶鬼，收世间一切强祥。”“厕上守吏奴之，道上守吏尸供；内外大鬼，宅中强祥，男女客民，水火金木之所煞害者，各各自约。”“祥”均写作“”(祥 2《敦》P450)。

S.318《洞渊神咒经·斩鬼品》：“若有宅中故炁，四面殃祥，一切恶鬼，山林池泽之鬼者，一一收之。”“祥”写作“”(祥 3《敦》P450)。

按：《说文》：“示，天垂象，见吉凶，所以示人也。从二；三垂，日月星也。观乎天文，以察时变。示，神事也。”《汉语大字典》“示”字条下：“天显示出某种征象，向人垂示休咎祸福。”[②]可见，“示”本为牌位，后人曲解为表示“吉凶的征兆”。《说文》：“祥，福也。从示羊声。一云善。”《说文》认为“祥”的本义为“幸福、吉利”，不确。五代徐锴《说文系传·示部》：“祥，祥之言详也。天欲降以祸福，先以吉凶之兆，详审告悟之也。”《说文解字注·示部》：“凡统言则灾亦谓之祥，析言则善者谓之祥。”可知，吉凶的征兆统称“祥”。

《说文》：“歹，𠟭骨之残也。从半冎。……古文𣦵。”《玉篇·𣦵部》：

---

① 参见李学勤《字源》909 页，天津古籍出版社、辽宁人民出版社 2012 年版。

② 参见《汉语大字典》2553 页，湖北长江出版集团·崇文书局；四川出版集团·四川辞书出版社 2010 年版。

“歺”,同“歹”。《类篇 · 歺部》:“歺,隶或书作歹。”①《集韵 · 阳韵》:“⿰歹羊,女鬼。”②“残骨”“女鬼”都是不吉利的“祸”。“⿰歹羊”指不好的征兆。

从“歹”的“⿰歹羊”(凶)是从“示(礻)”(吉与凶)的“祥”的一个方面,二者是部分与全局的关系,用“歹”替换“礻(示)”是强调不吉利的、不善的征兆,比如敦煌文献中“⿰歹羊”用例中的“大鬼”“恶鬼”。

(四)部分与全局的关系,强调全局

“阜”与“山”:崄 1(險 P448)——嶮 2(險 P448)——嶮 3(險 P448)——崄 4(险 P448);⿰山步 1(陟 P558);岨 2(阻 P576)

按:“阜”同“𠂤”。𠂤,甲骨文作 ,《说文》小篆作 。《说文》:“𠂤,大陆,山无石者。”③从甲骨文字形上来看,象山坡呈阶梯状。姚孝遂在《甲骨文字诂林》“阜”字后作按语:“王筠《释例》谓‘𠂤之古文作 、 ,盖如画坡陀者然,层层相重累也……侧山为𠂤之说陋’。其见解是对的。……”④因此,“阜”的本义是山之山坡阶梯状。那么“阜”只能说是山的一个部分,也即“侧山”。二者是部分与全局的关系。敦煌写本中用“山”替换“阜”有大量的用例,如:“陟”的俗体作“⿰山步”,强调登的是陡峭的高山;“阻”的俗体作“岨”,“险”的俗体大都作“崄”,强调前面是巍峨陡峻的高山,表明险要之处。

二、某一事物与其功能、属性的关系

(一)某一事物与其功能的关系,强调事物具有的功能

1. “木”与“酉”:⿰酉不 5(杯《敦》P13)

按:杯,原写作“桮”字。《说文》:“桮,䀀也。从木否声。”《集韵 · 灰韵》:“桮,《说文》:‘䀀也’,盖今饮器。”⑤“杯”即盛酒用的器

① 参见《汉语大字典》1479 页。

② 参见《汉语大字典》3335 页,湖北长江出版集团 · 崇文书局;四川出版集团 · 四川辞书出版社 2010 年版。

③ 参见《甲金篆隶大字典》698 页,四川辞书出版社 2010 年版。

④ 参见李学勤《字源》1255 页,天津古籍出版社、辽宁人民出版社 2012 年版。

⑤ 参见李学勤《字源》521 页。

皿。敦煌写本中"杯"有写作"酉"旁的。如:"[illegible]"(杯 5《敦》P13),用偏旁"酉"替换了"木",强调杯盛酒的功能。

2. "口"与"言": [illegible] 1(嚂《敦》P456)

按:《说文》:"嚂,高气多言也。从口,虿省声。"P.2717《碎金》:"譀[illegible]:呼陷反,呼介反。"(嚂 1《敦》P456)"[illegible]"即"嚂"。"口"为人所"言"的功能器官,敦煌写本中用偏旁"言"替换偏旁"口",强调"口"说话、发表言论的功能,二者意义相关。

S.388《正名要录》:"[illegible]訿右字形虽别,音义是同。古而典者居上,今而要者居下。"(呰《敦》P571)"訿"为"呰"的异体字。《说文》:"呰,苛也。从口此声。""口"是"言"的功能器官,敦煌手书中形旁"言"替换"口",强调"口"说话的功能。

"脆"在敦煌写本中写作"[illegible]"(脆 3《敦》P70),用偏旁"食"替换"肉",强调"肉"的功能是作为食物被食用;"棹"在写本中写作"[illegible]"(棹 2《敦》P545),用偏旁"舟"替换"木",强调"棹"的功能为"行舟"。

(二) 某一事物与其属性的关系,强调事物的属性

"豕"与"肉": [illegible] 2(猪 P563)——[illegible] 3(猪 P563)——[illegible] 6(猪 P563)

按:《说文》:"猪,豕而三毛丛居者。从豕者声。"在敦煌写本中,"猪"的异体作[illegible] 2、[illegible] 3、[illegible] 6。"豕"的属性之一是作为一种可食用的肉。用偏旁"肉"替换"豕",强调"豕"的属性是一种可食肉类。

(三) 某一事物与其功能的结果关系,强调事物本身

"黹"与"纟(糸)": [illegible] 3(黻 P116)

按:《说文》:"黻,黑与青相次文。从黹犮声。"黻,指古代礼服上青黑相间的图案和花纹。黹,西周颂鼎作[illegible],曾伯簠作[illegible],《说文》小篆作[illegible]。[①] 从古文字来看,"黹"为象形文字,像是刺绣的图案、花纹。《说文》:"黹,箴缕所紩衣。""黹"本义为"针线绣的花纹"。"纟"即"糸"。《说文》:"糸,细丝也。象束丝之形。""糸"本义为细丝。"黹"即

① 参见《甲金篆隶大字典》776 页,四川辞书出版社 2010 年版。

是用细丝缝纫的花纹，二者为事物与其功能的结果关系。敦煌写本《正名要录》收录了“”(黹 3《敦》P116)字。“”是用偏旁“纟(糸)”替换“黹”产生的字，强调礼服上的图案和花纹是用细丝刺上去的。

（四）某一事物与其功能的关系，强调事物发挥功能后的结果

 1(堤 P81)—— 2(堤 P81)—— 3(堤 P81)

按：《说文》：“堤，滞也。从土是声。”《说文》不确。《说文解字注》：“此篆与坻篆音义皆同。”朱骏声《通训定声》：“堤，当为坻之或体。与从阜之隄唐字迥别。”①《广韵·齐韵》：“隄，防也。堤，上同。”《篇海类编·地理类·阜部》：“隄亦作堤。”②“堤”本义是挡水的高岸，一般用土、石等材料修筑而成。隄，《说文解字注》里解释为：“窊者为池为塘，障其外者为陂为隄。”“隄”本义为“河堤、堤坝”，用于堤防洪水泛滥。敦煌文书里在表示“堤防”义的时候多写作“”(堤 P81)，用偏旁“阜”替换“土”，这是强调用“土”可以建筑堤坝，建成的堤坝有堤防洪水泛滥的结果。因此在表示“防范”义时，“堤防”多写作“隄防”。如《汉书·董仲舒传》：“夫万民之从利也，如水之走下，不以教化隄防之，不能止也。”③

三、同属某一大类的并列关系

（一）同属身体部位类

“口”与“鼻”： 1(嗅《敦》P464)

按：“嗅”为“臭”的后造字，从口从臭，臭亦声。“嗅”在敦煌手书《正名要录》中写作 1、 2(嗅《敦》P464)。“齅”，《说文》小篆作，会意兼形声字，从鼻从臭，臭亦声。“齅”也为“臭”的后起字。“嗅”“齅”本义为嗅觉。表意偏旁“鼻”与“口”都是人的身体部位，二

① 参见《汉语大字典》496 页，湖北长江出版集团·崇文书局；四川出版集团·四川辞书出版社 2010 年版。

② 参见《汉语大字典》4458 页。

③ 参见《汉语大字典》4458 页。

者对于“味道”的辨别都很重要。“口”可品味,“鼻”可闻味,故二者偏旁发生替换。

（二）某一身体部位与另一身体部位发出的动作关系,强调动作

“心”与“廾”:3(凭 P307)——5(凭 P307)

S.6841《灵宝自然斋仪》:“次引朋众,风则轨仪,敬凭唱说。”“凭”写作“”(凭 3《敦》P307)。

S.4642《发愿文范本等》:“深凭政困(正因),身修自祈。”“凭”写作“”(凭 5《敦》P307)。

按:《字汇·冫部》:“凴,同冯(凭)。”[①]《说文》小篆作,形声字,从马仌声。冯,本义为马行疾。四库本《龙龛手鉴·冫部》:“凴,托也。”[②]“廾”为象形字,象两手相对托物之形。《说文》:“廾,竦手也。从𠂇从又。杨雄说廾从两手。”段玉裁注:“此字谓竦其两手以有所奉也。”“廾”本义为“以手持物”,强调持物的主体是“手”。《正字通》:“凴,俗憑字。”[③]“凴”是用部件“廾”替换“心”产生的异体字。

（三）某一身体部位发出的动作与另一身体部位的关系,强调另一身体部位

“丮”与“口”:1(恐 P223)——2(恐 P223);2(筑 P566)——4(筑 P566)

按:《说文》:“恐,惧也。从心巩声。”《汉语大字典》“巩”字条下:“巩同‘巩’。抱。《玉篇·巩部》:‘巩,抱也。’《广韵·肿韵》:‘巩,抱也,《说文》作巩。’”[④]可知“巩”即“巩”,从丮工声。“巩”作声旁的“恐”“筑”在敦煌文书中,部件“丮”均写作“口”。“恐”在敦煌写本里的形体1、2(恐《敦》P223),“筑”的形体2、4(築《敦》P566),均用部件“口”替换“丮”。《说文》:“丮,持也。象手有所丮据

① 参见《汉语大字典》329 页,湖北长江出版集团·崇文书局;四川出版集团·四川辞书出版社 2010 年版。

② 参见《钦定四库全书·龙龛手鉴》701 页。

③ 参见《汉语大字典》2509 页。

④ 参见《汉语大字典》543 页。

也。"《宋元以来俗字谱》中"恐"字条下:《古今杂剧》《娇红记》《岭南逸事》中均写作"㖂"[1]。"卂"也写作"口"。"筑"在《古今杂剧》中写作""[2],部件"卂"写作"厶","厶"在手书体中写作"口"[3]。"卂"与"口"即是某一身体部位发出的动作与另一身体部位的关系,用部件"口"替换"卂"。

（四）某一身体部位与另一紧密关联的部位的动作产生的结果,强调这一动作产生的结果

1(啼 P401)

按:《说文》:"嗁,号也。"《说文解字注》:"嗁,俗作啼。""嗁"的本义为"放声痛哭"。"啼"是"嗁"的俗字,为新造的形声字,从口帝声。在敦煌手书体中,"啼"写作""。敦研 119(2-1)《佛说太子瑞应本起经》:"持幡随车,哭送之。""氵"旁替换了"口",强调与"口"密切相关的"眼"因痛哭而流泪这一结果。

（五）在某一场合有特定功用的同类事物关系

"土"与"石": 1(壁 P19)

按:《说文》:"壁,垣也。从土辟声。""壁"本义为"墙壁"。"土"与"石"均是砌墙用的材料,偏旁"土"替换"石"产生异体字。敦煌手书体中,"壁"写作"(壁 1《敦》P19)",用偏旁"石"替换"土",是两类同属砌墙之用的材料的替换,强调墙壁是石壁,用"石"垒砌而成。

（六）同属狩猎工具的关系

"犬"与"戈": 13(獸 P373)

按:獸,甲骨文作,[4]从單从犬。"單",象形,为一种狩猎工具;犬为猎犬,也是狩猎之用,则"獸"即表示"狩猎"之义。《说文》:"獸,守备者。从嘼从犬。"徐灏注笺:"獸之言狩也,田猎所获,故其

① 参见刘复、李家瑞《宋元以来俗字谱》33 页,中央研究院历史语言研究所单刊之三,1930 年。

② 参见《宋元以来俗字谱》62 页。

③ 如:《敦煌俗字典》中"参"写作 2(参 P35),"驂"写作 1(驂 P35)。

④ 参见李学勤《字源》1270 页,天津古籍出版社、辽宁人民出版社 2012 年版。

字从犬，谓猎犬也。”①“獸”在敦煌手书体中作“”(獸 13《敦》P373)，偏旁“戈”替换“犬”，二者同为狩猎工具。

（七）同属动物类的关系

“豸”与“犭(犬)”： 1(豺 P40)—— 2(豺 P40)； 2(貓 P266)—— 3(貓 P266)； 1(藐 P275)—— 2(藐 P275)

按：《说文》：“豸，兽长脊，行豸豸然，欲有所司杀形。”豸豸，脊背伸长的样子。司，同“伺”，窥伺。故“豸”指较为凶猛的长脊兽，如虎、豺、豹等。“犬”，指大狗。“豸”和“犬”均指某一类动物，敦煌手书体中可替换。“豺”的异体写作  1、 2(豺《敦》P40)，“藐”的异体有  1、 2，均为用“犭”替换“豸”。

另外，“豕”与“犭(犬)”也可替换。“豕”本义指“猪”，猪与狗同属一类动物，故可替换。如敦煌写本中“豜”写作“”(豜 1《敦》P186)，“豵”写作“”(豵 1《敦》P573)。

（八）同属粮食类的关系

“米”与“麦”： 1(糊 P157)

按：《集韵·模韵》：“黏，《说文》：‘黏也。’或作糊。”②“糊”应是黏合的意思。敦煌写本中“糊”写作从麦胡声的“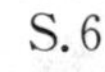”。S.617《俗务要名林》：“：粘所以粘物。黄卢反。”(糊 1《敦》P157)“”是用形旁“麦”替换“米”产生的异体字。《集韵·模韵》：“糊，煮米及麪为鬻。”③可知“糊”是指米、面等粮食的糊状物。“麦”与“米”同属粮食类，都可以熬成糊状物来黏物，故二者可替换。

（九）同属兵器类的关系

“戈”与“刂(刀)”： 1(戮 P257)

按：《说文》：“戮，杀也。从戈翏声。”“戮”本义为“杀”。敦煌写

---

① 参见《汉语大字典》1474 页，湖北长江出版集团·崇文书局；四川出版集团·四川辞书出版社 2010 年版。

② 参见《汉语大字典》3362 页。

③ 参见《汉语大字典》3362 页。

本中“戮”的形体写作“剹”(戮 1《敦》P257),形旁“刂(刀)”替换了“戈”,为两种杀戮兵器的替换。

四、身体部位与其动作产生的结果关系

1. “欠”与“口”:欬 1(欬 P218)——咳 2(欬 P218)

S.5431《开蒙要训》:“瘕痳欬嗽。”“欬”作“欬”。(欬 1《敦》P218)

P.2170《太玄真一本际经,圣品》:“道君謦欬弹指,一切众会,一时咸然。”“欬”作“咳”。(欬 2《敦》P218)

按:敦煌手书中“欬”的异体有欬、咳二体。“亥”在敦煌手书中的变体可作“亥”。[①] 咳 2 的声旁“亥”与“亥”是同一形体。因为手写习惯所致,第四笔的“撇”穿过第三笔的“撇折”。《说文》:“欬,屰气也。从欠亥声。”“欬”为形声字,“欠”为形旁,提示字义。《说文》:“欠,张口气悟也。象气从人上出之形。”“欠”是“口”“打哈欠”这一动作产生的结果,二者在意义上联系紧密,“咳”为用“口”替换“欠”产生的异体字,强调打呵欠的部位是“口”。

2. “扌”与“肉”:⿰月宣 1(揎 P465)

按:《玉篇·手部》:“揎,捋也。”《集韵·僊韵》:“揎,手发衣。”[②] “揎”为“捋起袖子露出手臂”。S.527《显德六年正月三日女人社再立条件》:“在席上⿰月宣拳。”黄征在后作按:“揎”者“宣”也,宣露衣袖之意。此从“月”旁者,俗字换旁而已,强调所揎者为胳膊也。(揎 1《敦》P465)“揎”俗写作“⿰月宣”,用“肉旁”替换“扌”,强调“揎”的主体是“胳膊”。二者是捋起袖子与捋袖露出手臂的结果关系。

五、动作与动作发出的主体关系

“亻(人)”与“立”:竚(佇《敦》P565)

---

① “亥”作为“亥”的变体在《敦煌俗字典》其他的形体有:刻 2(刻 P221)——刻 3(刻 P221);骇 1(骇 P146);骸 1(骸 P145)。

② 参见《汉语大字典》2037 页,湖北长江出版集团·崇文书局;四川出版集团·四川辞书出版社 2010 年版。

S.388《正名要录》:“竚佇右字形虽别,音义是同。古而典者居上,今而要者居下。”(伫《敦》P565)

按:伫,《说文新附》作,形声字,从人从宁。本义指“长时间站立不动”。“立”甲骨文作,[①],表示正面的人站立于地上。《说文》:“立,从大立之上。”“”提示地面。“立”本义为“(人)站立”。形旁“立”的主体是“人”,二者意义密切相关,故可替换。敦煌写本《正名要录》收录“伫”的俗体“竚”,即是用形旁“立”替换“人”,强调“站立”这一动作。

敦煌写本《正名要录》收录“俟”的形体有竢、俟(俟《敦》P384)。“人”与“立”形旁替换,强调“站着等待”这一动作。

六、工具与工具使用者之间的关系

“亻(人)”与“力”:勌 3(倦 P213)

S.6825V 想尔注《老子道经》卷上:“上信道不倦。”“倦”作“勌”。(倦 3《敦》P213)

按:力,甲骨文作,力册父丁觚作,金文作(男字偏旁),中山王鼎作,战国文字作,秦石刻文字诅楚文作,《说文》小篆作,老子甲一六一作,史晨碑作。[②] 甲骨文、金文形体象耒形,尤其是商代力册父丁觚上的“力”形体左边部分像犁头,用以松土,可看作犁的前身。到了篆文里,像铲子的那端移到了上方。秦代睡虎地简“耒柄”变形为“一撇”。马王堆汉墓帛书为隶书,与今“力”无别。因此“力”的本义是“耒”,用耒耕地需人使力,则人是“力(耒)”的使用者,二者密切相关,因此“人”与“力”偏旁可换。

另外,敦煌写本《正名要录》收录“筏”的异体为“”(筏 4《敦》P105),强调“手”是划筏的主体,为“筏”的使用者,故“扌”替换“竹字头”作“”。

---

① 参见李学勤《字源》920 页,天津古籍出版社、辽宁人民出版社 2010 年版。

② 以上文字形体参见《甲金篆隶大字典》86 页,四川辞书出版社 2010 年版。

七、物与物的类属关系

(一) 物与物的类属关系,强调个别

“肉”与“犭”:  1(豚 P411)

按:《说文》:“豚,小豕也。从彖省,象形。从又持肉,以给祠祀。”“豚”本义为“小猪”。“豚”在敦煌写本中写作“”。S.617《俗务要民林》:“,猪子也,徒浑反。”《广韵·浑韵》:“㹠,同豚。”①“豚”的异体字“”是用“犭”替换“月(肉)”而产生的,“犭(犬)”的属性之一是作为一种可食用的肉类,那么二者是物与物的类属关系,强调“犭(犬)”这一个别肉类。

(二) 物与物的类属关系,强调类属

“木”与“皿”:  2(杯 P13)

按:“杯”,从木否声,为盛酒用的器皿。敦煌写本《正名要录》收录了“杯”的异体“”,“皿”旁替换了“木”旁,“皿”与“杯”之间是物与物的类属关系,“杯”属于“皿”的一种类型。“”,强调“杯”的类属是一种盛酒器皿。

八、通过联想,二者之间存在相似性或者由某一物体联想到其具有的特征之关系

“冃”与“宀”:  13(最 P577)—— 14(最 P578)—— 15(最 P578)

按:《说文》:“最,犯而取也。从冃从取。”“冃”是“帽”的初文,本义是“帽子”。《说文》:“冃,小二、蛮夷头衣也。”朱骏声《说文通训定声》:“冃,今字作‘帽’。”②帽子戴在头顶,表示最高义,因此“最”本义为军功最高。“最”的异体写作 13、 14、 15(最《敦》P578),

---

① 参见《汉语大字典》1432 页,湖北长江出版集团·崇文书局;四川出版集团·四川辞书出版社 2010 年版。

② 参见李学勤《字源》680 页,天津古籍出版社、辽宁人民出版社 2012 年版。

用“宀”替换“冃”。“宀”为象形字,象尖顶房屋侧视形,与“帽子”的形状有相似之处;“宀”位于建筑物的最高处,“冃”位于头顶,都是在某一处的顶部。二者在形状、位置上都存在相似之处。

偏旁替换除了与字义相关外,还有与字义相近、相同的情况。形声字或会意字的意符提示字义。表意相近或相同的形旁产生替换。如:“彳”与“辶”的替换。“彳”是行的一半,表示道路。“辵”的草书写作“辶”。辵,从行从止,会意有人行走的地方就是道路。二者均表示道路,故可替换。敦煌写本 S.388《正名要录》:“徑逕右字形虽别,音义是同。古而典者居上,今而要者居下。”(径《敦》P204)“逕”为“徑”的异体字,“辶”替换“彳”产生异体字。又如:“旨”与“甘”的替换。《说文》:“旨,美也。从甘匕声。”“旨”表示味道好,“甘”表示味道甜美。二者意义相近。敦煌写本 S.5774《茶酒论》:“窃见神农曾甞百草。”(嘗 1《敦》P43)“甞”即“尝(嘗)”。“甞”为部件“甘”替换“旨”而形成的异体字。

第三章　敦煌写本汉字偏旁部件相混情况研究

在敦煌写本中，汉字偏旁部件相混，甚至整字相混的情况是比较多的，过去从事敦煌文献研究的学者已经有过不少总结。过去学者已经总结的，我们用脚注注出。

第一节　偏旁部件相混情况

一、“才”与“扌”相混

扌3(才 P33)；持2(持 P53)；打5(打 P73)

二、“扌”与“丬”“禾”“土”相混

1. “扌”与“丬”相混：持3(持 P53)——持4(持 P53)；打3(打 P73)——打5(打 P73)；揔7(總 P574)——揔8(總 P574)——揔9(總 P574)

2. “扌”与“禾”相混：打4(打 P73)

3. “扌”与“土”相混：擢1(擢 P70)——擢2(擢 P70)

三、“爿”与“丬”“扌”相混

将4(將 P190)——将5(將 P190)——将6(將 P190)

四、“方”与“扌”①“万”相混

1. “方”与“扌”相混：旅5(旅 P257)——旅6(旅 P257)；施1(施 P364)——施2(施 P365)；旋3(旋 P466)——旋6(旋 P466)；族2(族 P575)——族3(族 P575)——族6(族 P576)——族7(族 P576)

---

① 曾良先生已有总结，见《俗字及古籍文字通例研究》73—75 页，百花洲文艺出版社 2006 年版。

2. "方"与"万"相混：餝 1(飾 P368)——餝 2(飾 P368)

五、"丬"与"牛"相混

牀 1(牀 P62)——牀 2(牀 P62)——牀 4(牀 P62)；漿 1(浆 P190)——漿 2(浆 P190)[①]

六、"木"与"扌"[②]"爿""禾""礻""小""术"相混

1. "木"与"扌"相混：摽 1(標 P24)；柄 1(柄 P27)——抦 2(柄 P27)——抦 3(柄 P27)；操 1(操 P37)；权 2(权 P39)；村 1(村 P71)；横 2(横 P153)；枯 1(枯 P224)；抄 1(抄 P44)——抄 2(抄 P44)；持 1(持 P53)——持 2(持 P53)；揣 1(揣 P60)；打 1(打 P73)；拒 4(拒 P211)；扣 1(扣 P224)

2. "木"与"爿"相混：极 5(极 P176)——极 10(极 P176)

3. "木"与"禾"相混：稻 3(稻 P79)；稾 2(稾 P127)；穫 2(穫 P170)；稜 2(稜 P237)——稜 3(稜 P237)；秘 1(秘 P273)——秘 2(秘 P273)；我 1(我 P427)——我 8(我 P427)；枝 1(枝 P552)

4. "木"与"礻"相混：机 1(机 P172)——机 2(机 P172)；祇 1(祇 P313)——祇 3(祇 P313)；檀 1(檀 P397)——檀 4(檀 P397)

5. "木"与"小"相混：梨 1(闍梨 P356)；縣 1(縣 P448)——縣 3(縣 P448)

6. "木"与"术"相混：沭 1(沐 P281)；術 1(術 P377)——術 2(術 P377)——術 3(術 P377)——術 4(術 P377)

七、"冖"与"宀"[③]"八""厂""勹""罒"相混

1. "冖"与"宀"相混：安 5(安 P3)；若 1(若 P77)；寇 1(寇 P224)——寇 2(寇 P224)——寇 3(寇 P224)；榮 1(榮 P339)——

① 蔡忠霖先生已有总结，见其《敦煌汉文写卷俗字及其现象》288 页，(台北)文津出版社 2002 年版；曾良先生也有总结，见《俗字及古籍文字通例研究》89—91 页，百花洲文艺出版社 2006 年版。

② 赵平安先生已有总结，见《隶变研究》58 页，河北大学出版社 2009 年版。

③ 蔡忠霖先生已有总结，见《敦煌汉文写卷俗字及其现象》2002：272；赵平安先生也有总结，见赵平安：《隶变研究》57 页。

榮2(榮P339)；深3(深P359)——深4(深P359)；宵1(宵P452)；宜1(宜P492)；誼1(誼P497)

2. “冖”与“八”相混：安5(安P3)——安6(安P3)——安8(安P3)

3. “冖”与“厂”相混：臺2(臺P395)——臺3(臺P395)

4. “冖”与“勹”相混：包1(包P11)；苞1(苞P11)；抱1(抱P12)；深8(深P359)——深12(深P359)

5. “冖”与“罒”相混：爵1(爵P216)——爵2(爵P216)——爵4(爵P216)——爵5(爵P216)；嚼1(嚼P216)；鬱1(鬱P519)——鬱2(鬱P520)；鬱3(鬱P520)——鬱4(鬱P520)

八、“宀”与“穴”[①]相混

竄2(攛P69)——竄3(攛P69)；竄1(竄P69)——竄2(竄P69)——竄4(竄P69)；寄1(寄P181)——寄2(寄P181)；窠2(窠P221)——窠3(窠P221)；客(客P222)；空1(空P223)——空7(空P223)；寧1(寧P293)——寧2(寧P293)——寧(寧P293)；宿1(宿P387)——宿2(宿P387)；摍1(摍P387)

九、“丷”与“八”“口”相混

1. “丷”与“八”相混：并1(并P28)；曾13(曾P38)——曾23(曾P38)；達2(達P72)——達5(達P72)；擔1(擔P74)——擔2(擔P74)——擔3(擔P74)；諾1(诺P296)——諾2(诺P296)；深14(深P359)——深15(深P359)——深16(深P359)；爾5(爾P103)；窠1(窠P221)；宴3(宴P480)——宴4(宴P480)

2. “丷”与“口”相混：從6(從P67)——從10(從P67)——從12(從P67)——從14(從P67)——從7(從P67)

① 潘重规先生已有总结，见蔡忠霖《潘重规先生对敦煌俗字研究之贡献》，《敦煌学》2004年第25辑；梁春胜先生在其博士论文《楷书部件演变研究》150—152页中也有所总结，复旦大学2009年版。

一〇、"言"与"氵"相混

涪 1(諳 P4)

一一、"亻"与"彳"①"忄""十""丨"相混

1. "亻"与"彳"相混：徣 1(倍 P14)；㑊 3(便 P23)；倒 1(倒 78)；徍 1(佳 P182)；健 2(健 P189)——徤 6(健 P189)；僧 1(僧 P351)——僧 2(僧 P351)；徔 2(俟 P384)——俟 4(俟 P384)；彼 1(彼 P16)；從 3(從 P67)——從 4(從 P67)；滌 1(滌 P81)；佪 3(徊 P160)；徑 2(徑 P204)；悠 5(愆 319)——愆 6(愆 P319)

2. "亻"与"忄""十"互混：惓 1(倦 P213)——倦 2(倦 P213)

3. "亻"与"丨"相混：候 8(候 P156)；住 2(住 P564)

一二、"衣"与"𧘇"相混

裁 3(裁 P33)；哀 2(哀 P1)——哀 6(哀 P1)

一三、"方口"与"尖口"②相混

叅 1(参 P35)——叅 2(参 P35)；驂 1(驂 P35)；鉤 2(鈎 P131)；操 2(操 P37)；禪 3(禪 P42)——禪 5(禪 P42)；单 2(單 P74)；狗 1(狗 P131)——狗 2(狗 P131)——狗 3(狗 P131)；苟 1(苟 P132)；坐 1(坐 P580)——坐 2(坐 P580)——坐 3(坐 P580)

一四、"业"与"䒑"相混

共 1(共 P131)；獲 1(獲 P170)——獲 2(獲 P170)；業 5(業 P488)——業 11(業 P488)

一五、"冫"与"氵"相混③

冰 1(冰 P27)；凑 1(凑 P67)；鴻 1(鸿 P154)；淮(淮 P161)；

① 潘重规先生已有总结，见蔡忠霖《潘重规先生对敦煌俗字研究之贡献》；蔡忠霖先生也有总结，见《敦煌汉文写卷俗字及其现象》269 页，文津出版社 2002 年版；赵平安先生也有总结，见《隶变研究》57 页，河北大学出版社 2009 年版。

② 曾良先生已有总结，见《俗字及古籍文字通例研究》75—76 页，百花洲文艺出版社 2009 年版。

③ 潘重规先生已有总结，见蔡忠霖《潘重规先生对敦煌俗字研究之贡献》；蔡忠霖先生也有总结，见《敦煌汉文写卷俗字及其现象》278—279 页。

1(渐 P189)——2(渐 P189);1(氾 P107)——2(氾 P107);1(油 P510)

一六、“矢”与“夫”①“天”②“失”相混

1.“矢”与“夫”相混:1(挨 P1);1(騃 P2);1(蔟 P68)——2(蔟 P68)——3(蔟 P68);1(疾 P176);1(矣 P494)——2(矣 P494)

2.“矢”与“天”相混:2(騃 P2);6(癡 P52)——7(癡 P53);5(疾 P176)

3.“矢”与“失”相混:3(短 P93)

一七、“夫”与“无”“矢”“失”及“示”相混

1.“夫”与“无”“矢”“失”相混:1(规 P140)——2(规 P140)——3(规 P140)

2.“夫”与“示”相混:2(款 P226);3(窥 P228)——6(窥 P228)

一八、“刀”与“力”③相混

4(劫 P196)——5(初 P58);1(物 P206)——2(物 P206);1(幼 P512)——2(幼 P512);1(恸 P486);1(脇 P455)——2(脇 P455)——3(脇 P455);2(協 P455);1(勘 P218);1(轫 P317)——2(轫 P317)

一九、“日”与“目”④“月”⑤“田”⑥相混

1.“日”与“目”相混:1(百 P9);1(瞰 P46);2(旦

---

① 赵平安先生已有总结,见《隶变研究》59 页,河北大学出版社 2009 年版。

② 赵平安先生已有总结,见《隶变研究》59 页。

③ 潘重规先生已有总结,见蔡忠霖《潘重规先生对敦煌俗字研究之贡献》;蔡忠霖先生也有总结,见《敦煌汉文写卷俗字及其现象》269—270 页,文津出版社 2002 年版;梁春胜先生在其博士论文《楷书部件演变研究》59 页也有所总结;赵平安先生也有总结,见《隶变研究》57 页。

④ 蔡忠霖先生已有总结,见《敦煌汉文写卷俗字及其现象》287 页。

⑤ 蔡忠霖先生已有总结,见《敦煌汉文写卷俗字及其现象》287—289 页。

⑥ 梁春胜先生已有总结,见其博士论文《楷书部件演变研究》57 页。

P75)；暖6(暖 P295)——暖8(暖 P295)；嗜3(嗜 P370)——嗜4(嗜 P370)；着1(着 P570)——着2(着 P570)

2. "日"与"月"相混：暱1(暱 P290)——暱3(暱 P290)

3. "日"与"田"相混：① 餺1(餺 P18)；巢1(巢 P44)——巢2(巢 P45)；憚1(憚 P76)；界6(界 P199)；窠2(窠 P221)——窠3(窠 P221)；畔(畔 P300)；② 香2(香 P450)；意4(意 P498)；③ 賁2(賁 P365)——賁5(賁 P366)

二〇、"月"与"目"[①]相混

袇1(袇 P15)；肬1(肬 P76)；肥3(肥 P109)；臓1(臓 P149)；肛1(肛 P149)；臛2(臛 P171)；膠1(膠 P191)；胗1(胗 P284)；眼5(眼 P478)——眼6(眼 P478)；矂1(矂 P536)；毦1(毦 P269)——毦2(毦 P269)

二一、"白"与"百""日""自"相混

1. "白"与"百"相混：柏1(柏 P9)；弼2(弼 P18)；奭1(奭 P371)；宿1(宿 P387)——宿2(宿 P387)

2. "白"与"日"相混：皇1(皇 P165)；惶1(惶 P165)；皆1(皆 P194)——皆2(皆 P194)——皆3(皆 P194)——皆4(皆 P195)；魄3(魄 P308)；原3(原 P521)——原4(原 P521)；源1(源 P522)——源2(源 P522)

3. "白"与"自"相混：臬2(臬 P57)——臬9(臬 P58)

二二、"反"与"及"相混

板1(板 P10)；版2(版 P10)

二三、"卑"与"畀"相混

痺1(痺 P18)——痺2(痺 P18)；婢1(婢 P18)——婢2(婢 P18)

二四、"尃"与"專"[②]相混

博2(博 P29)——博3(博 P29)——博4(博 P29)——博7(博

① 赵平安先生也有总结，见《隶变研究》58页，河北大学出版社2009年版。

② 曾良先生已有总结，见《俗字及古籍文字通例研究》53—56页，百花洲文艺出版社2009年版。

P29)——慱8(博P29)；縛1(縛P119)——縛2(縛P119)；塼3(塼P566)

二五、"免"与"兑""兔"相混

1. "免"与"兑"相混：纔1(纔P33)——纔3(纔P33)——纔2(纔P33)——纔4(纔P33)

2. "免"与"兔"相混：晚1(晚P416)

二六、"采"与"来"相混

採4(採P33)

二七、"臼"与"囚"相混

諂6(谄P43)——諂7(谄P43)

二八、"昜"与"复"相混

塲2(塲P44)——腹(腹P120)；復(復P120)；覆(覆P120)

二九、"兀"与"几""尢""瓦"相混

1. "兀"与"几"相混：磽1(磽P322)；嘵1(嘵P453)——呪4(呪P561)

2. "兀"与"尢"相混：尳1(尳P45)

3. "兀"与"瓦"相混：甍1(甍P271)；瓶2(瓶P306)；瓦3(瓦P414)

三〇、"艹"与"竹"相混

苇1(苇P42)

三一、"宅"与"各"相混

姹1(姹P40)；骆1(骆P261)

三二、"大"与"火"①"犬""忄""人""廾""元""天""文""土""夫"相混

1. "大"与"火"相混：熾1(熾P55)；焚5(焚P111)——焚6(焚P111)；焦1(焦P191)——焦3(焦P191)；焦2(焦P191)——焦4(焦P191)；熱8(熱P338)——熱11(熱P338)；榮1(榮P339)；炶1(炶P353)；熟3(熟P375)——熟4(熟P375)

---

① 赵平安先生已有总结，见《隶变研究》57页，河北大学出版社2009年版。

2. “大”与“犬”相混：伏 1(伏 P115)——伏 2(伏 P115)；器 1(器 P317)；然 12(然 P336)——然 13(然 P336)；器 1(器 P317)；猒 5(厭 P479)——猒 6(厭 P479)；獄 2(獄 P516)；嶽 3(嶽 P527)；怏 1(怏 P368)

3. “大”与“忄”相混：悴 1(悴 P70)——悴 2(悴 P70)

4. “大”与“人”相混：骨 2(骨 P133)——骨 4(骨 P133)

5. “大”与“廾”相混：弊 5(弊 P19)——弊 7(弊 P19)——弊 6(弊 P19)

6. “大”与“元”“天”相混：難 3(難 P284)——難 4(難 P284)——難 5(難 P284)

7. “大”与“文”相混：學 4(學 P468)——學 6(學 P468)

8. “大”与“土”相混：恩 1(恩 P102)；趨 1(趨 P330)；喪 1(喪 P349)——喪 6(喪 P349)；越 1(越 P404)；因 5(因 P500)；走 1(走 P575)

9. “大”与“夫”相混：穎 1(穎 P506)——穎 2(穎 P506)

三三、“山”与“止”①“心”相混

1. “山”与“止”相混：崇 3(崇 P56)；步 2(步 P32)——步 3(步 P32)；柴 1(柴 P40)；齒 1(齒 P53)；此 1(此 P65)——此 2(此 P65)；穢 1(穢 P168)，穢 2(穢 P168)；歷 1(歷 P240)；歲 1(歲 P390)——歲 2(歲 P390)——歲 3(歲 P390)；武 1(武 P432)；止 1(止 P554)；垂 2(垂 P63)——垂 3(垂 P63)——垂 4(垂 P63)；老 1(老 P233)——老 2(老 P234)——老 4(老 P234)

2. “山”与“心”相混：甚 1(甚 P360)——甚 3(甚 P360)——甚 5(甚 P360)

三四、“几”与“凡”“瓦”“九”相混

1. “几”与“凡”相混：處 4(處 P59)——處 5(處 P59)——處 9

① 蔡忠霖先生已有总结，见《敦煌汉文写卷俗字及其现象》289—290 页，文津出版社 2002 年版。

(處 P59)——處 14(處 P59)；机 1(机 P172)——机 2(机 P172)；飢 1(飢 P172)——飢 2(飢 P173)——飢 3(飢 P173)；肌(肌 P173)；凡 8(凡 P106)——凡 1(凡 P106)；梵 2(梵 P108)——梵 3(梵 P108)——梵 4(梵 P108)

2. “几”与“瓦”相混：瓷 3(瓷 P126)——瓷 4(瓷 P126)——瓷 5(瓷 P126)

3. “几”与“九”相混：宄 1(宄 P141)；軌 2(轨 P141)——軌 3(軌 P141)

三五、“舌”与“台”相混

辭 4(辭 P65)——辭 5(辭 P65)——辭 6(辭 P65)——辭 7(辭 P65)——辭 8(辭 P65)；亂 11(亂 P259)——亂 12(亂 P259)

三六、“隶”与“录”相混

逮 1(逮 P74)——逮 2(逮 P74)——逮 3(逮 P74)——逮 4(逮 P74)

三七、“耳”与“身”①“月”相混

1. “耳”与“身”相混：耽 1(耽 P74)

2. “耳”与“月”相混：濟 1(濟 P180)——濟 2(濟 P180)——濟 3(濟 P180)——濟 4(濟 P180)

三八、“广”与“疒”②“厂”③相混

1. “广”与“疒”相混：病 1(病 P28)——病 2(病 P28)——病 5(病 P28)；瘳 1(瘳 P56)；瘡 1(瘡 P61)；嫉 1(嫉 P177)；疽 1(疽 P209)；底 2(底 82)——底 3(底 P82)；廢 1(廢 P110)——廢 2(廢 P110)；廂 1(廂 P449)；壯 6(壯 P568)——壯 7(壯 P568)

---

① 蔡忠霖先生已有总结，见《敦煌汉文写卷俗字及其现象》309—310 页，文津出版社 2002 年版；梁春胜先生在其博士论文《楷书部件演变研究》131—133 页中也有所总结。

② 潘重规先生已有总结，见蔡忠霖《潘重规先生对敦煌俗字研究之贡献》；蔡忠霖先生也有总结，见《敦煌汉文写卷俗字及其现象》273 页；赵平安先生也有总结，见《隶变研究》58 页，河北大学出版社 2009 年版。

③ 蔡忠霖先生已有总结，见《敦煌汉文写卷俗字及其现象》273—274 页。

2. “广”与“厂”相混：廁 1(厕 P37)；庢 1(厎 P81)；歴 2(歷 P240)——歴 5(歷 P240)；礰 1(礰 P241)——礰 2(礰 P241)；度 2(度 P92)；廣 1(廣 P139)——廣 2(廣 P139)——廣 3(廣 P139)——廣 4(廣 P139)

三九、“帝”与“帶”相混

蔕 1(蒂 P83)；螮 1(螮 P84)

四〇、“支”与“攴”[①]“皮”“交”相混

1. “支”与“攴”相混：攱 2(攱 P84)

2. “支”与“皮”相混：鼓 1(鼓 P134)——鼓 3(鼓 P134)——鼓 4(鼓 P134)；瞽 2(瞽 P134)

3. “支”与“交”相混：夜 1(夜 P488)——夜 2(夜 P488)——夜 7(夜 P489)——夜 8(夜 P489)——夜 3(夜 P488)——夜 4(夜 P488)

四一、“犬”与“尤”“大”“术”“木”“丈”相混

1. “犬”与“尤”相混：伏 3(伏 P115)；蚘(蚘 P167)；就 3(就 P208)

2. “犬”与“大”相混：然 12(然 P336)——然 13(然 P336)；怢 1(怢 P368)；猒 5(厭 P479)——猒 6(厭 P479)

3. “犬”与“术”相混：庎 7(庎 P62)——庎 5(庎 P62)——庎 6(庎 P62)

4. “犬”与“木”相混：庎 7(庎 P62)——庎 9(庎 P62)

5. “犬”与“丈”相混：獸 4(獸 P372)——獸 5(獸 P372)

四二、“旡”与“无”“元”“夫”相混

1. “旡”与“无”相混：槩 2(概 P122)；既 4(既 P179)

2. “旡”与“元”相混：概 3(概 P123)——槩 4(概 P123)；溉 1(溉 P123)；既 2(既 P179)；暨 2(暨 P179)

3. “旡”与“夫”相混：規 1(规 P140)

---

① 赵平安先生已有总结，见《隶变研究》57 页，河北大学出版社 2009 年版。

四三、"礻"与"禾"①"元"②"衤"③"扌"④相混

1. "礻"与"禾"相混：禝 1(稷 P181)；稷 2(稷 P181)

2. "礻"与"元"相混：冦 1(冠 P138)——寇 2(冠 P138)

3. "礻"与"衤"相混：襖 1(襖 P5)；被 1(被 P14)——被 2(被 P14)；祹 1(裯 P57)；初 4(初 P58)——初 7(初 P58)

4. "礻"与"扌"相混：提 7(旋 P466)——禔 8(旋 P466)

四四、"井"与"并"相混

耕 1(耕 P129)——耕 2(耕 P129)——耕 4(耕 P129)——耕 5(耕 P129)

四五、"告"与"吉"⑤相混

吉 1(告 P127)；浩 1(浩 P150)；造 1(造 P535)；慥 1(慥 P536)；結 2(結 P197)

四六、"瓜"与"爪"⑥相混

瓝 2(瓝 P29)；孤 3(孤 P133)——孤 4(孤 P133)；狐 4(狐 P157)——狐 5(狐 P157)；菰 1(菰 P261)——菰 2(菰 P261)

四七、"雨"与"覀""兩"⑦相混

1. "雨"与"覀"相混：覇 1(霸 P8)；覈 4(覈 P151)

2. "雨"与"兩"相混：兩 3(兩 P244)——兩 4(兩 P244)——兩 6(兩 P244)；漏 3(漏 P254)；澫 1(澫 P270)

---

① 蔡忠霖先生已有总结，见《敦煌汉文写卷俗字及其现象》304 页，文津出版社 2002 年版；赵平安先生也有总结，见《隶变研究》58 页，河北大学出版社 2009 年版。

② 赵平安先生已有总结，见《隶变研究》58 页。

③ 潘重规先生已有总结，见蔡忠霖《潘重规先生对敦煌俗字研究之贡献》。

④ 曾良先生已有总结，见《俗字及古籍文字通例研究》163—164 页，百花洲文艺出版社 2009 年版。

⑤ 赵平安先生已有总结，见《隶变研究》58 页。

⑥ 潘重规先生已有总结，见蔡忠霖《潘重规先生对敦煌俗字研究之贡献》；赵平安先生也有总结，见《隶变研究》58 页。

⑦ 潘重规先生已有总结，见蔡忠霖《潘重规先生对敦煌俗字研究之贡献》。

四八、“阜”与“邑”“土”“月”相混

1. “阜”与“邑”相混：鄣 2(障 P544)——鄣 3(障 P544)

2. “阜”与“土”相混：埅 1(防 P108)；堦 2(階 P194)；隄 1(堤 P81)——隄 2(堤 P81)——隄 3(堤 P81)；堙 1(堙 P501)——陻 2(堙 P501)

3. “阜”与“月”相混：遁 1(遁 P96)——遁 4(遁 P96)

四九、“朿”与“束”“夹”“来”相混

1. “朿”与“束”相混：棘 2(棘 P177)；棘 5(棘 P177)；僰 1(僰 P30)

2. “朿”与“夹”相混：刾 1(刺 P66)——刾 2(刺 P66)；“束”：写作“夹” 勅 1(勅 P54)——勅 2(勅 P54)——勅 3(勅 P54)

3. “朿”与“来”相混：棘 1(棘 P177)；棗 1(棗 P535)——棗 4(棗 P535)——棗 5(棗 P535)；“束”写作“来”：勑 4(勅 P54)——勑 5(勅 P54)——勑 6(勅 P54)

五〇、“石”与“右”相混

垢 2(垢 P132)——垢 3(垢 P132)

五一、“干”与“于”①相混

肝 1(肝 P123)——肝 2(肝 P123)——肝 3(肝 P124)；軒 1(轩 P465)；齗 1(齗 P478)

五二、“血”与“皿”相混

盂 1(盂 P165)

五三、“⺈”与“爫”②相混

搁 1(搁 P43)；谄 5(谄 P43)——谄 7(谄 P43)；阎 2(阎 P476)——阎 6(阎 P476)；隐 4(隐 P502)——隐 7(隐 P502)——

① 潘重规先生已有总结，见蔡忠霖《潘重规先生对敦煌俗字研究之贡献》；赵平安先生也有总结，见《隶变研究》58 页，河北大学出版社 2009 年版。

② 蔡忠霖先生已有总结，见《敦煌汉文写卷俗字及其现象》285 页，文津出版社 2002 年版。

隐 6(隐 P502)

五四、"土"与"士"[①]相混

塗 1(塗 P409)；譊 1(譊 P285)；曉 1(曉 P453)；因 2(因 P499)——因 5(因 P500)；志 1(志 P556)

五五、"艹"与"丷""亠"[②]互混

荆 1(荆 P204)——荆 2(荆 P204)——荆 3(荆 P204)；繞 1(繞 P337)——繞 2(繞 P337)——繞 3(繞 P338)

五六、"卩"与"卪""邑"[③]相混

1. "卩"与"卪"相混：卯 2(卯 P259)——卯 3(卯 P259)

2. "卩"与"邑"相混：① 即 1(即 P175)——即 2(即 P175)——即 4(即 P175)；脚 1(脚 P193)；叩 2(叩 P224)；却 1(却 P333)；卹 1(卹 P464)；仰 2(仰 P483)；御 5(御 P518)；② 鄧 1(鄧 P80)；卿 2(鄉 P449)；③ 印 2(印 P502)——印 3(印 P502)

五七、"匕"与"工"[④]"乙""上""𠂉"相混

1. "匕"与"工"相混：① 泥 1(泥 P288)——泥 2(泥 P288)；嗜 1(嗜 P370)——嗜 2(嗜 P370)；皆 3(皆 P194)——皆 4(皆 P195)；② 嗟 1(嗟 P195)——嗟 2(嗟 P195)——嗟 3(嗟 P195)；③ 偈 1(偈 P180)——偈 2(偈 P180)

2. "匕"与"乙"相混：乞 1(乞 P314)——乞 2(乞 P314)

3. "匕"与"上"相混：乾 3(乾 P320)——乾 4(乾 P320)；偈 3(偈 P180)——偈 4(偈 P180)——偈 6(偈 P180)——偈 5(偈 P180)

4. "匕"与"𠂉"相混：詣 1(诣 P497)——詣 5(诣 P497)；乾 3

---

① 曾良先生已有总结，见《俗字及古籍文字通例研究》160—161 页，百花洲文艺出版社 2009 年版；赵平安先生也有总结，见《隶变研究》57 页，河北大学出版社 2009 年版。

② 蔡忠霖先生已有总结，见《敦煌汉文写卷俗字及其现象》313—314 页，文津出版社 2002 年版。

③ 蔡忠霖先生已有总结，见《敦煌汉文写卷俗字及其现象》269 页；梁春胜先生《楷书部件演变研究》123 页中也有所总结；赵平安先生也有总结，见《隶变研究》57 页。

④ 蔡忠霖先生已有总结，见《敦煌汉文写卷俗字及其现象》267—268 页。

(乾 P320)—— 4(乾 P320)

五八、“攴”与“又”“夂”“支”相混

1. “攴”与“又”相混： 5(度 P92)—— 6(度 P93)—— 2(度 P92)； 2(寝 P326)—— 3(寝 P326)； 2(謦 327)； 1(叡 P343)； 4(收 P371)—— 6(收 P371)； 14(最 P578)—— 15(最 P578)； 1(嘬 P579)； 4(啟 P314)； 1(肇 P544)—— 2(肇 P544)

2. “攴”与“夂”相混： 1(歐 P330)； 1(敗 P9)； 2(斂 P242)； 4(致 P557)

3. “攴”与“支”相混： 2(战 P84)

五九、“客”与“容”相混

 2(額 P99)； 2(容 P340)

六〇、“丰”与“手”相混

 1(轫 P317)—— 2(轫 P317)

六一、“比”与“化”相混

 1(妣 P16)

六二、“朋”与“用”[1]相混

 2(崩 P15)—— 3(崩 P15)

六三、“水”与“木”相混

 1(渌 P255)—— 4(渌 P255)； 6(深 P359)； 3(探 P398)

六四、“忄”与“十”[2]相混

 2(博 P29)——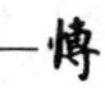 7(博 P29)； 1(恻 P37)； 3(快 P226)； 2(慎 P361)

① 曾良先生已有总结，见《俗字及古籍文字通例研究》154—155 页，百花洲文艺出版社 2009 年版。

② 蔡忠霖先生已有总结，见《敦煌汉文写卷俗字及其现象》278 页，文津出版社 2002 年版。

六五、“乡”与“糸”相混

癰 1(癰 P508)——癰 2(癰 P508)——癰 3(癰 P508)；給 1(給 P178)；繚 1(繚 P245)

六六、“口”与“言”“罒”“氵”“人”“厶”①“日”②“工”相混

1. “口”与“言”相混：誡 1(誡 P199)——誡 2(誡 P199)；諺 1(諺 P480)；詠 3(詠 P509)；諮 1(諮 P571)——諮 2(諮 P571)；詛 1(詛 P576)；嘲 1(嘲 P45)——嘲 2(嘲 P45)；嘶 1(嘶 P382)；噧 1(噧 P456)；喧 1(喧 P465)；喻 2(喻 P518)——喻 3(喻 P518)；呰 1(呰 P571)——呰 2(呰 P571)

2. “口”与“罒”相混：羸 3(羸 P235)——羸 6(羸 P235)；楞 2(楞 P237)

3. “口”与“氵”相混：漱 1(漱 P378)——漱 3(漱 P378)

4. “口”与“人”相混：哭 2(哭 P224)——哭 3(哭 P224)；矬 1(矬 P71)；挫 1(挫 P71)——挫 2(挫 P71)；剉 1(剉 P71)；趖 1(趖 P391)；丧 5(丧 P349)；坐 1(坐 P580)；座 1(座 P580)——座 2(座 P580)

5. “口”与“厶”相混：参 2(参 P35)；驂 1(驂 P35)；拘 1(拘 P209)；驹 1(驹 P209)；捐 1(捐 P212)；售 1(售 P373)——售 2(售 P373)——售 3(售 P373)

6. “口”与“日”相混：叫 1(叫 P193)——但 2(但 P75)；京 1(京 P203)——京 2(京 P203)；鲸 1(鲸 P203)；量 7(量 P245)——量 8(量 P245)

7. “口”与“工”相混：壁 4(壁 P20)——壁 6(壁 P20)；壁 4(壁 P20)——懤 1(懤 57)；擣 1(擣 78)——擣 4(擣 78)

---

① 蔡忠霖先生已有总结，见《敦煌汉文写卷俗字及其现象》275 页，文津出版社 2002 年版；曾良先生认为“口”旁与“厶”旁相通，见《俗字及古籍文字通例研究》75—76 页，百花洲文艺出版社 2009 年版。

② 梁春胜先生已有总结，见其博士论文《楷书部件演变研究》137—138 页。

六七、"大"与"廾"相混

 6(弊 P19)—— 7(弊 P19); 5(契 P317)—— 6(契 P317)

六八、"王"与"玉"[①]相混

 1(璧 P20)—— 2(璧 P20); 1(璺 P426); 1(珂 P220); 1(呈 P50)

六九、"欠"与"久"[②]相混

 4(頭 P408)—— 5(頭 P408)—— 6(頭 P408); 5(次 P65)

七〇、"一"与"小"相混

 1(穆 P282)—— 3(穆 P282); 6(鱼 P513)—— 3(繫 P442)

七一、"大"与"小"相混

 5(鱼 P513)—— 6(鱼 P513)

七二、"灬"与"小"相混

 6(標 P25)—— 7(標 P25); 17(煞 P351)

七三、"户"与"尸""石"相混

1. "户"与"尸"相混: 1(局 P209)—— 4(局 P210); 1(握 P428); 1(屋 P429); 1(戾 P347)

2. "户"与"石"相混: 2(啟 P314)—— 3(啟 P314)—— 4(啟 P314)

七四、"氵"与"讠"相混

 1(清 P327);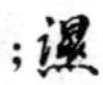 2(濕 P365)

七五、"勾"与"勺"相混

 4(局 P210)—— 5(局 P210); 1(酌 P570)

---

① 赵平安先生已有总结,见《隶变研究》57 页,河北大学出版社 2009 年版。

② 赵平安先生已有总结,见《隶变研究》58 页。

七六、"戈"与"弋"相混

戦 2(戰 P541)

七七、"臣"与"巨"[①]相混

臥 2(卧 P428)——臥 4(卧 P428)

七八、"束"与"来"相混

頼 1(赖 P231)——頼 3(赖 P231);整 1(整 P550)——整 2(整 P550)——整 3(整 P550)——整 4(整 P550);蘇 3(蘇 P539)——蘇 4(蘇 P539)

七九、"㐬"与"束"相混

疏 1(梳 P375)——踈 3(梳 P375)

八〇、"今"与"令"相混

矜 3(矜 P200)——矜 6(矜 P200)

八一、"叉"与"乂"相混

乂 1(叉 P38)

八二、"又"与"文""乂"相混

1. "又"与"文"相混:侵 2(侵 P325);虔 3(虔 P319)——虔 4(虔 P319);禽 4(禽 P325);斕 1(斓 P232)

2. "又"与"乂"相混:護 5(護 P159);殺 21(殺 P352);希 7(希 P435)——希 9(希 P435);俙 1(俙 P436);晞 1(晞 P436);睎 1(睎 P458);胷 1(胸 P459)——胷 2(胸 P459);匈 1(匈 P460);學 7(學 P468)——學 9(學 P468)

八三、"早"与"甲""平"相混

1. "早"与"甲"相混:禪 4(禪 P42)——禪 7(禪 P42)——禪 8(禪 P42);嘾 1(嘾 P396);戰 3(戰 P541);章 1(章 P542)——憧 1(憧 P542);

2. "早"与"平"相混:潭 1(潭 P397)——潭 2(潭 P397)

---

① 蔡忠霖先生已有总结,见《敦煌汉文写卷俗字及其现象》279—280 页,文津出版社 2002 年版。

八四、“耳”与“牙”①相混

聞 2(聞 P425);耶 4(邪 P454)

八五、“北”与“比”②相混

瞻 4(瞻 P540)——瞻 6(瞻 P540)——瞻 5(瞻 P540)

八六、“凡”与“几”相混

沉 1(沉 P47)——沉 2(沉 P47)——沉 3(沉 P47);机 1(机 P172)——机 2(机 P172);飢 1(飢 P172)——飢 2(飢 P173)——飢 3(飢 P173);肌(肌 P173);纑 1(纑 P239)——纑 2(纑 P239);戲 1(戲 P541);梵 2(梵 P108)——梵 3(梵 P108)——梵 4(梵 P108);羸 1(羸 P235)——羸 4(羸 P235)——羸 5(羸 P235);羸 1(羸 P505);築 1(築 P566)

八七、“几”与“兀”相混

磽 1(磽 P322);嘵 1(嘵 P453);咒 4(咒 P561)

八八、“火”与“大”“犬”“釒”相混

1. “火”与“大”相混:煩 1(煩 P106);煥 2(煥 P164);灾 5(灾 P531);熱 8(熱 P338)——熱 11(熱 P338);榮 1(榮 P339);炶 1(炶 P353);熟 3(熟 P375)——熟 4(熟 P375);因 10(因 P500)——因 11(因 P500)

2. “火”与“犬”相混:逖 3(逖 P402);倏 1(倏 P374);然 5(然 P336)

3. “火”与“釒”相混:爐 3(爐 P255)——爐 5(爐 P255);釭 1(釭 P126)

八九、“竹”与“艹”“𠃊”相混

1. “竹”与“艹”“𠃊”相混:筋 1(筋 P200)——筋 4(筋 P200)——筋 9(筋 P200)

2. “竹”与“艹”相混:篡 1(篡 P70);第 1(第 P83)——第 2(第

① 赵平安先生已有总结,见《隶变研究》57 页,河北大学出版社 2009 年版。

② 潘重规先生已有总结,见蔡忠霖《潘重规先生对敦煌俗字研究之贡献》。

P83)——苐 3(第 P83);篤 3(篤 P91)——篤 4(篤 P91);范 1(範 P108);弃 1(笄 P173);埊 1(箜 P223);笴 1(苛 P220);莛 5(筵 P476);纂 1(纂 P576);葦 1(苇 P423)——葦 2(苇 P423)

九〇、"无"与"元"相混

元 19(无 P431)

九一、"夂"与"攵"相混

脩 4(修 P461)

九二、"申"与"中"相混

冲 2(沖 P55);僂 2(僂 P253);貗 1(獿 P253);屢 2(屢 P258)——屢 3(屢 P258)

九三、"牛"与"丬(爿)""扌"相混

1. 収 2(收 P371)——扠 3(收 P371)——牧 4(收 P371)

2. "牜"与"丬(爿)"相混:惿 2(提 P401);物 1(物 P433)——物 2(物 P433)

3. "牜"与"扌"相混:物 3(物 P433)——扨 4(物 P433)

九四、"公"与"工"相混

舩 1(船 P61)——舡 2(船 P61)——舩 3(船 P61)——舡 5(船 P61)

九五、"而"与"市"相混

制 2(制 P556)——制 4(制 P556)——制 5(制 P556)——制 6(制 P556);喘 1(喘 P61);端 1(端 P93)

九六、"且"与"貝"相混

價 1(價 P184);助 2(助 P565)

九七、"天"与"失""无""夫"相混

1. "天"与"失"相混:賸(賸 P67);轃 1(轃 P67)

2. "天"与"无"相混:潛 1(潛 P320)

3. "天"与"夫"相混:嘆 3(歎 P397)——嘆 4(歎 P397)——嘆 5(歎 P397)——嘆 6(歎 P398)——嘆 8(歎 P398)——嘆 11(歎 P398);吴 1(吴 P431)——吴 3(吴 P431);替 1(替 P402)

九八、“卒”与“伞”相混

捽 1(捽 P579)

九九、“禾”与“礻”相混

秦 2(秦 P325)——秦 3(秦 P325);稷 1(稷 P181)——稷 2(稷 P181);神 2(神 P359);视 2(视 P368);稱 3(稱 P48)——稱 7(稱 P49);秘 3(秘 P273);標 3(標 P25);蒜 1(蒜 P388)——蒜(蒜 P388)——蒜 4(蒜 P388)——蒜 5(蒜 P388)

一〇〇、“麦”与“麦”相混

麥 1(麥 P263)——麥 2(麥 P263)——麥 3(麥 P263)

一〇一、“商”与“帝”“啇”①相混

1. “商”与“帝”相混:商 6(商 P355)

2. “商”与“啇”相混:商 1(商 P354);適 1(適 P369)——適 2(適 P369)——適 3(適 P369);驕 1(驕 P546)

一〇二、“母”与“毋”相混

毒 1(毒 P91)——毒 2(毒 P91)

一〇三、“日”与“貝”相混

暉 1(暉 P166);嬰 5(嬰 P503);纓 1(纓 P503)

一〇四、“歹”与“夕”相混

泖 1(泖 P388)——外 5(外 P415)

一〇五、“凡”与“瓦”②“丸”“几”③相混

1. “凡”与“瓦”相混:凡 10(凡 P106);瓫 1(瓫 P125)——瓫 2(瓫 P126);瓶 1(瓶 P306)——瓶 3(瓶 P306);瓦 1(瓦

---

① 潘重规先生已有总结,见蔡忠霖《潘重规先生对敦煌俗字研究之贡献》;蔡忠霖先生亦有总结,见《敦煌汉文写卷俗字及其现象》340—341 页,文津出版社 2002 年版;曾良先生也有总结,见《俗字及古籍文字通例研究》141—142 页,百花洲文艺出版社 2009 年版。

② 潘重规先生已有总结,见蔡忠霖《潘重规先生对敦煌俗字研究之贡献》;梁春胜先生在其博士论文《楷书部件演变研究》139—140 页也有总结。

③ 曾良先生已有总结,见《俗字及古籍文字通例研究》97—100 页。

P414)——2(瓦 P414)；

1(瓮 P426)——2(瓮 P426)——3(瓮 P426)——4(瓮 P426)——7(瓮 P426)；1(甑 P537)

2. “凡”与“丸”相混：1(執 P553)；1(孰 P375)——2(孰 P375)

3. “凡”与“几”相混：2(梵 P108)——3(梵 P108)——4(梵 P108)；1(羸 P235)——4(羸 P235)——5(羸 P235)；1(羸 P505)；1(築 P566)

一〇六、“兀”与“元”“瓦”[①]相混

1. “兀”与“元”相混：1(屼 P433)

2. “兀”与“瓦”相混：1(兀 P433)

一〇七、“爪”与“介”[②]相混

4(界 P199)；2(分 P112)；2(疥 P199)；2(界 P199)；1(爪 P566)

一〇八、“示”与“木”“天”“夫”相混

1. “示”与“木”相混：5(禮 P239)——6(禮 P239)——8(禮 P239)；1(溧 P241)；1(廩 P248)；1(檁 P248)

2. “示”与“天”相混：1(款 P226)；1(隸 P240)——4(隸 P240)——2(隸 P240)——3(隸 P240)

3. “示”与“夫”相混：2(款 P226)；3(窺 P228)——6(窺 P228)

一〇九、“亲”与“辛”[③]相混

1(新 P457)——2(新 P457)——3(新 P457)；1(辣 P230)

---

① 曾良先生已有总结，见《俗字及古籍文字通例研究》154 页，百花洲文艺出版社 2009 年版。

② 赵平安先生已有总结，见《隶变研究》58 页，河北大学出版社 2009 年版。

③ 赵平安先生已有总结，见《隶变研究》58 页。

一一〇、“丸”与“凡”“九”相混

1. “丸”与“凡”相混： 1（孰 P375）—— 2（孰 P375）； 1(執 P553)

2. “丸”与“九”相混：（究 P206）； 3(染 P337)—— 5(染 P337)； 2(熱 P338)—— 10(熱 P338)； 2(熟 P375)—— 5(熟 P375)； 3(勢 P368)

一一一、“月”与“耳”相混

 1(濟 P180)—— 2(濟 P180)—— 3(濟 P180)—— 4(濟 P180)

一一二、“古”与“右”“占”相混

1. “古”与“右”相混： 4(辜 P133)—— 5(辜 P133)； 12(苦 P225)； 2(括 P229)

2. “古”与“占”相混： 1(粘 P320)

一一三、“具”与“且”[①]相混

 2(俱 P211)

一一四、“𦥑”与“𦥯”相混

 1(舉 P210)； 4(覺 P215)

一一五、“力”与“万”“勿”相混

1. “力”与“万”相混： 4(曼 P264)—— 5(曼 P264)； 1(募 P282)

2. “力”与“勿”相混： 1(甥 P362)

一一六、“灭”与“天”相混

 1(滅 P276)—— 2(滅 P276)

一一七、“开”与“并”相混

 1(蓱 P307)；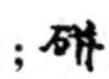 1(研 P475)

---

① 曾良先生已有总结，见《俗字及古籍文字通例研究》138—140 页，百花洲文艺出版社 2009 年版。

一一八、"其"与"全"相混

旍 1(旗 P313)

一一九、"𠂉"与"十"相混

切 3(切 P324)——切 5(切 P324)

一二〇、"夹"与"来"相混

勑 1(勅 P54)——勑 2(勅 P54)——勑 3(勅 P54)——勑 4(勅 P54)——勑 5(勅 P54)——勑 6(勅 P54)

一二一、"乃"与"及"相混

仍 1(仍 P339)

一二二、"昔"与"昔"相混

散 1(散 P348)——散 5(散 P348)

一二三、"桑"与"幸"相混

顙 3(顙 P349)

一二四、"𠂉"与"亠"①相混

抗 2(抗 P219)——抗 4(抗 P219);傷 5(傷 P354);亢 2(亢 P219)——亢 3(亢 P219);氣 1(氣 P315)——氣 3(氣 P315)——氣 5(氣 P315)——氣 6(氣 P315)——氣 7(氣 P315);直 2(直 P553)——直 4(直 P553);指 2(指 P555)——指 5(指 P555)——指 1(指 P555)——指 4(指 P555)——指 6(指 P555)

一二五、"它"与"也"相混

虵 1(蛇 P356)——虵 2(蛇 P356)——虵 3(蛇 P356)——虵 6(蛇 P356)——虵 7(蛇 P356)——虵 4(蛇 P356)——虵 5(蛇 P356)

一二六、"番"与"畨"相混

審 1(审 P360);礌 1(礌 P360)

---

① 蔡忠霖先生已有总结,见《敦煌汉文写卷俗字及其现象》266 页,文津出版社 2002 年版;梁春胜先生在其博士论文《楷书部件演变研究》126 页中也有所总结。

一二七、"乚"与"辶"相混

遈 6(甚 P360)；逝 1(逝 P369)

一二八、"彐"与"ヨ"相混

壽 1(壽 P371)——壽 2(壽 P371)

一二九、"俞"与"㐬"相混

毹 1(毹 P374)——梳 1(梳 P375)

一三〇、"以"与"次"相混

似 1(似 P384)——次 2(似 P384)——佽 3(似 P384)

一三一、"夕"与"歹"相混

沨 1(沨 P388)；外 5(外 P415)

一三二、"秃"与"秀"相混

頹 1(頹 P410)——頹 3(頹 P410)

一三三、"完"与"宛"相混

院 1(院 P524)；剜 2(剜 P415)；椀 3(椀 P417)

一三四、"十"与"工"相混

攄 1(攄 P448)；憲(憲 P449)

一三五、"彐"与"丑"相混

羞 4(羞 P461)；雪 1(雪 P468)

一三六、"彡"与"ミ"或"⺀"相混

脩 2(修 P461)——修 3(修 P461)——修 5(修 P461)——脩 6(修 P461)

一三七、"八"与"儿"相混

穴 3(穴 P468)

一三八、"皿"与"血"相混

釋 4(釋 P370)——釋 5(釋 P370)；擇 2(擇 P413)；譯 1(譯 P497)；懌 1(懌 P497)；斁 1(斁 P499)

一三九、"⺈"与"罒"相混

讕 1(撊 P43)；諂 5(谄 P43)——諂 7(谄 P43)——諂 3(谄 P43)——諂 5(谄 P43)；閻 2(阎 P476)——閻 6(阎 P476)

一四〇、“央”与“英”相混

堟 1(坱 P482)；暎 3(映 P507)

一四一、“卬”与“卸”相混

御 7(仰 P483)

一四二、“夕”与“歹”相混

亦 12(亦 P496)——亦 13(亦 P496)

一四三、“肅”与“庸”相混

牅 1(牖 P511)

一四四、“袁”与“表”相混

遠 11(遠 P523)

一四五、“夗”与“死”相混

怨 4(怨 P523)——怨 6(怨 P524)；苑 3(苑 P524)；䴋 1(黦 P528)；葬 5(葬 P534)

一四六、“秦”与“奉”相混

臻 1(臻 P548)

一四七、“冢”与“家”相混

塚 2(塚 P559)

一四八、“宁”与“守”相混

貯 1(貯 P565)——貯 3(貯 P565)

一四九、“予”与“矛”[①]相混

務 5(務 P432)——預 1(預 P516)

一五〇、“先”与“夭”相混

纘 2(纘 P576)；鑚 2(鑚 P577)

一五一、“日”与“冖”相混

冣 3(最 P577)——冣 4(最 P577)——冣 13(最 P577)

---

① 潘重规先生已有总结，见蔡忠霖《潘重规先生对敦煌俗字研究之贡献》；蔡忠霖先生也有总结，见《敦煌汉文写卷俗字及其现象》296 页，文津出版社 2002 年版。

一五二、“作”与“住”相混

住 5(作 P580)

一五三、“丶”与“一”相混

斥 1(斥 P54)；竹 1(竹 P563)

一五四、“刀”与“力”相混

初 6(初 P58)；黎 1(黎 P238)

一五五、“支”与“攵”“夂”相混

1. “攵”写作“支”：鼇 2(鼇 P239)；散 7(散 P348)；薮 5(薮 P385)

2. “夂”写作“支”：條 5(條 P404)；修 1(修 P461)

一五六、“扌”与“丬(爿)”相混

揀 1(揀 P384)；扶 1(扶 P115)——扶 2(扶 P116)；撫 2(撫 P118)；捋 2(捋 P260)；寐 4(寐 P270)

第二节　整字相混情况

一、“阿”与“何”相混　何 4(阿 P1)

二、“安”与“尖”相混　尖 7(安 P3)

三、“罢”与“甭”相混　甭 4(罢 P8)

四、“杯”与“坏”相混　坏 6(杯 P13)

五、“比”与“批”相混　批 6(比 P16)

六、“肠”与“胀”相混　胀 2(肠 P43)

七、“承”与“丞”相混　丞 11(承 P50)

八、“乘”与“垂”相混　垂 10(乘 P51)

九、“葱”与“悲”相混　悲 3(葱 P66)

一〇、“当”与“劣”相混　劣 9(当 P77)

一一、“得”与“约”相混　约 6(得 P79)

一二、“斗”与“升”相混　升 6(斗 P90)

一三、“短”与“矩”相混　矩 6(短 P93)

一四、“隧”与“遁”相混　隧 1(遁 P96)
一五、“伐”与“代”相混　代 2(伐 P105)
一六、“罚”与“对”相混　对 2(罚 P104)
一七、“分”与“兮”相混　兮 9(分 P110)
一八、“风”与“尾”相混　尾 4(风 P112)
一九、“果”与“呆”相混　呆 5(果 P143)
二〇、“布”与“尔”相混　尔 10(布 P32)
二一、“坼”与“拆”相混　拆 3(坼 P46)
二二、“友”与“支”相混　支 5(友 P511)
二三、“西”与“酉”相混　酉 1(西 P435)
二四、“问”与“司”相混　司 3(问 P426)
二五、“战”与“拑”相混　拑 3(战 P84)
二六、“纵”与“维”相混　维 1(纵 P574)
二七、“桃”与“排”相混　排 5(桃 P400)
二八、“恶”与“德”相混　德 6(恶 P434)
二九、“因”与“且”相混　且 7(因 P500)
三〇、“族”与“挨”相混　挨 6(族 P576)
三一、“分”与“爪”相混　爪 2(分 P112)
三二、“爪”与“抓”相混　抓 2(爪 P566)——抓 3(爪 P566)
三三、“风”与“尾”相混　尾 4(风 P112)
三四、“丏”与“互”相混　互 1(丏 P122)
三五、“宫”与“官”相混　官 1(宫 P130)
三六、“兀”与“死”相混　兀 7(死 P383)
三七、“有”与“九”相混　九 4(有 P511)
三八、“己”与“巴”相混　杷 2(杞 P314)
三九、“巨”与“臣”相混　臣 1(巨 P211)
四〇、“茅”与“第”相混　第 2(茅 P267)
四一、“闹”与“丙”相混　丙 2(闹 P287)
四二、“念”与“会”相混　会 4(念 P291)

四三、“肉”与“皮”相混　皮 5(肉 P340)——皮 6(肉 P340)——宍 7(肉 P340)

四四、“关”与“并”相混　渕 3(渊 P520)——渊 5(渊 P520)

四五、“其”与“开”相混　开 1(其 P313)

四六、“上”与“工”相混　工 1(上 P355)

四七、“收”与“牧”相混　牧 6(收 P371)

四八、“熏”与“董”相混　董 1(董 P469)

四九、“摇”与“榣”相混　榣 4(摇 P485)

五〇、“棹”与“掉”相混　掉 4(棹 P545)

五一、“宙”与“庙”相混　庙 1(宙 P561)

五二、“赧”与“赦”相混　赦 1(赧 P285)

五三、“邪”与“耶”相混　耶 4(邪 P454)

五四、“雖”与“虽”相混　雖 3(虽 P389)

五五、“晚”与“脱”相混　脱 2(晚 P416)

五六、“縱”与“维”相混　维 1(縱 P574)

附录　部件笔画索引

一画

二画

三画

四画

五画

六画

七画

八画

九画

十画

十一画

十二画

十三画

十四画

十五画

十六画

十七画

十八画

后　记

手书汉字形体变化研究是我确定的文字学研究三个重点领域之一。过去的几十年中，我的研究重点是总结汉字表意基本理论，这个研究的主要成果是出版了《汉字学的新方向》和《当代汉字学》。掌握了汉字表意理论之后，进行汉字形义学研究就有了基础，这个研究我们将随后展开。从事古文字学研究的学者希望熟悉古文字偏旁部件的各种变体和偏旁部件的讹混情况，以方便相关古文字的考释；从事古籍校勘研究的学者希望熟悉楷书背景下汉字书写导致的偏旁部件的各种变体和偏旁部件的讹混情况，以方便对古籍错讹字的校勘。然而学者们只能在自己研究实践中熟悉其中的一小部分，难以全面掌握汉字各时期偏旁部件的各种变体和偏旁部件讹混的全部情况。为了一揽子解决这些问题，我们开展了手书汉字形体变化研究。现在奉献给大家的《敦煌写本汉字形体变化研究》是我们开展手书汉字形体变化研究的第一部著作，目的是总结楷书汉字在手书背景下出现的各种变化，为从事相关学术研究的学者提供参考，战国古文字形体变化研究的成果不久也将推出。

在总结敦煌写本汉字形体变化过程中，我们发现敦煌写本汉字中有一些新造的俗字，如“臣”作 7、 8，“體”作 (體 7《敦煌俗字典》P401，下同)，“餐”作 (餐，P35)，等等，总结这些俗字的造字，也是很有意义的。

我们在研究时注意到，敦煌写本汉字形体变化似乎有一些规律可言，如垂直一竖往往加一“点”， (闭 1P17)， 4、 5(拜 P9)， 2、 4(切 P324)等字都是在垂直竖的基础上加上一“点”而形成的。又“乚”也往往加“点”，如“孔”作 1、 2(孔 P223)，“礼(禮)”作 5、 6、 8(禮 P239)，“乳”作 1、

2、3、4、5(乳 P341),均是在“乚”上加点。再如“横”可以替代“心”“山”“吅”“小”“罒”“从”“犬”“㗊”“丷”等。我们也想做一些规律性的总结,但是我们最终删除了这些内容,留待今后用论文的形式发表我们的可能不正确的看法。我们担心因为我们书法知识的欠缺,会造成许多不必要的错误来误导读者,所以我们只是把我们从敦煌写本汉字中总结的变化现象完整地揭示出来,供研究者使用。

敦煌写本汉字形体变化研究是极其繁琐的工作,这项工作主要是李艳老师完成的。这项研究得到了浙江省社科规划课题立项资助,这为我们顺利完成研究工作提供了宝贵的支持。

另外,有两件事需要加以说明:一是,索引中有的部件笔画,不同人计数的数量可能会相差一笔,在索引中,有可能相近的两个笔画数中都提供了检索。二是,少数偏旁(如一三、六七的“土”)应该合并,但直至编制索引时我们才发现重复,这种情况我们在索引中就把两处页码放在一起了。

陆忠发于杭州师范大学恕园

2019 年 7 月 1 日

图书在版编目（CIP）数据

敦煌写本汉字形体变化研究 / 陆忠发, 李艳著. — 上海:
上海教育出版社, 2019.9
ISBN 978-7-5444-9261-4

Ⅰ. ①敦… Ⅱ. ①陆… ②李… Ⅲ. ①敦煌学 – 汉字 – 字形 – 演变 – 研究 Ⅳ. ①H123

中国版本图书馆CIP数据核字(2019)第149781号

责任编辑　周典富
封面设计　郑　艺

敦煌写本汉字形体变化研究
陆忠发　李　艳　著

出版发行	上海教育出版社有限公司
官　　网	www.seph.com.cn
地　　址	上海市永福路123号
邮　　编	200031
印　　刷	上海叶大印务发展有限公司
开　　本	890 × 1240　1/32　印张 6.5　插页 2
字　　数	165 千字
版　　次	2019年9月第1版
印　　次	2019年9月第1次印刷
书　　号	ISBN 978-7-5444-9261-4/H·0316
定　　价	98.00 元

如发现质量问题，读者可向本社调换　电话：021-64377165